Jörg Zitzmann
Arbeitsrecht in der privaten Sicherheit

D1729952

Gewidmet meinem Vater Karl Zitzmann (1932 – 2018),
Rechtsanwalt von 1963 – 2018

Arbeitsrecht in der privaten Sicherheit

Von der Stellenausschreibung bis zum Arbeitsgericht

von

Jörg Zitzmann
Rechtsanwalt, Meister für Schutz und Sicherheit

1. Auflage 2018

Verlagshaus Zitzmann, Nürnberg

Im Verlagshaus Zitzmann sind erschienen/werden erscheinen:
(Stand 04/2018)

Ausbildereignungsprüfung gem. AEVO:
Gesetzessammlung Ausbildereignungsprüfung gem. AEVO

Industriemeister/Meister für Schutz und Sicherheit:
Gesetzessammlung Industriemeister GQ
Industriemeister Band 1 Rechtsbewusstes Handeln
Industriemeister Band 2 Betriebswirtschaftliches Handeln
Industriemeister Band 3 Zusammenarbeit im Betrieb
Industriemeister Band 4 Methoden der Planung (Sommer 2018)
Industriemeister Band 5 Naturwissenschaftliche und technische Gesetzmäßigkeiten
Industriemeister Rechtsbewusstes Handeln – Prüfungsvorbereitung
Industriemeister Betriebswirtschaftliches Handeln – Prüfungsvorbereitung

Meister für Schutz und Sicherheit:
Gesetzessammlung Meister für Schutz und Sicherheit HQ
Handlungsspezifische Qualifikationen Band 1 Schutz- und Sicherheitstechnik
Handlungsspezifische Qualifikationen Band 2 Organisation
Handlungsspezifische Qualifikationen Band 3 Führung und Personal
Sonderband: Sicherheitskonzepte

Fachkraft/Servicekraft für Schutz und Sicherheit:
Gesetzessammlung Fachkraft für Schutz und Sicherheit
Band 1 Lehrbuch Rechtsgrundlagen
Band 2 Lehrbuch Umgang mit Menschen
Band 3 Lehrbuch Dienstkunde/Sicherheitstechnik
Band 4 Lehrbuch Wirtschafts- und Sozialkunde

Geprüfte Schutz und Sicherheitskraft:
Lehrbuch Geprüfte Schutz- und Sicherheitskraft
Prüfungsvorbereitung Geprüfte Schutz- und Sicherheitskraft

Lexika für Sicherheitsmitarbeiter:
Lexikon Deutsch – Russisch
Lexikon Deutsch – Rumänisch
Lexikon Deutsch – Türkisch
Lexikon Deutsch – Englisch
Lexikon Deutsch – Sachkunde

Waffensachkundeprüfung:
Lehrbuch Waffensachkundeprüfung

Sonstiges:
Arbeitsrecht in der privaten Sicherheit
Detektiv im Einzelhandel

Weitere Bücher zum Thema Sicherheit sind in Vorbereitung.

Aktuelle Informationen erhalten Sie unter:
Internet: www.verlagshaus-zitzmann.de
Facebook: www.facebook.com/verlagshauszitzmann
Twitter: twitter.com/vh_zitzmann

Jörg Zitzmann, geb. 1967 ist als Rechtsanwalt mit Schwerpunkt privates Sicherheitsrecht, Arbeitsrecht, Strafrecht in Nürnberg tätig. Er ist Meister für Schutz und Sicherheit, Inhaber der nach DIN EN ISO 9001:2015 und AZAV zertifizierten Sicherheitsschule Akademie für Sicherheit in Nürnberg, Dozent bei den Industrie- und Handelskammern Frankfurt am Main und Nürnberg, Mitglied der Prüfungsausschüsse „Meister für Schutz und Sicherheit", „Geprüfte Schutz- und Sicherheitskraft" und „Sachkundeprüfung" bei der IHK Nürnberg sowie Fachkraft für Arbeitssicherheit.

Bibliographische Informationen der Deutschen Nationalbibliothek:
Die Deutsche Nationalbibliothek verzeichnet diese Publikation in der
Deutschen Nationalbibliographie. Detaillierte bibliographische Daten sind
im Internet unter http://dnb.d-nb.de abrufbar.

ISBN 978-3-96155-062-3

Haftungsausschluss:

Die Auswahl der Inhalte erfolgte mit großer Sorgfalt. Trotzdem kann nicht
ausgeschlossen werden, dass in Prüfungen Inhalte Thema sein können, die
nicht in diesem Buch aufgeführt sind.
Der Verlag schließt für etwaige daraus resultierende Schäden
(Nichtbestehen einer Prüfung o. ä.) hiermit ausdrücklich jede Haftung aus,
es sei denn, dass der Schaden aufgrund von Vorsatz oder grober
Fahrlässigkeit eingetreten ist.

Sollten Sie Punkte vermissen oder sonstige Anregungen an uns haben,
würden wir uns freuen, wenn Sie uns dies mitteilen.

Der leichteren Lesbarkeit wegen verwenden wir häufig die männliche Form.
Mit diesem einfacheren sprachlichen Ausdruck sind selbstverständlich
immer Frauen und Männer gemeint.

© 2018 Verlagshaus Zitzmann
Jörg Zitzmann, Äußere Sulzbacher Str. 37, 90491 Nürnberg
www.verlagshaus-zitzmann.de
info@verlagshaus-zitzmann.de
Tel: 0911/20555944

Layout: Ingrid Lehmann
Umschlagmotiv: © vgstudio – fotolia.com
Druck und Bindung: D.O.S. Document Office Solutions GmbH, Tutzing
Gedruckt in Deutschland

Inhaltsverzeichnis

Vorwort zur 1. Auflage

Täglich werden viele Arbeitsverhältnisse in der Sicherheitsbranche geschlossen und ebenso viele enden auch wieder, manchmal vor dem Arbeitsgericht. Dabei wären viele Streitigkeiten vermeidbar, würden die Beteiligten die rechtlichen Grundlagen des Arbeitsrechts besser kennen.

Dieses Buch soll Ihnen einen Überblick darüber verschaffen, was bei einem Arbeitsverhältnis in der privaten Sicherheitswirtschaft zu beachten ist. Somit ist es für Arbeitgeber, Betriebsräte und Arbeitnehmer gleichermaßen relevant, da letztlich alle Beteiligten daran interessiert sein sollten, dass ein Arbeitsverhältnis rechtssicher beginnt, andauert und auch wieder endet.

Das vorliegende Buch ist sowohl für Einsteiger gedacht, die sich mit dem Arbeitsrecht in der Sicherheitsbranche vertraut machen wollen, als auch für „alte Hasen", die einzelne Punkte vertiefen wollen.

Wie alle Bücher aus dem Verlagshaus Zitzmann sind die Inhalte kurz und prägnant dargestellt. So können relevante Sachverhalt schnell und einfach aufgefunden werden, ohne dass sich der Leser durch seitenlangen „Wust" quälen muss, ehe er an die gewünschten Informationen kommt.

Ich wünsche den Lesern viel Erfolg beim Umgang mit arbeitsrechtlichen Angelegenheiten.

Der Autor im April 2018

Erklärung von Abkürzungen

AGG	Allgemeines Gleichbehandlungsgesetz
ArbZG	Arbeitszeitgesetz
ArbSchG	Arbeitsschutzgesetz
ASiG	Arbeitssicherheitsgesetz
BAG	Bundesarbeitsgericht
BetrVG	Betriebsverfassungsgesetz
BGB	Bürgerliches Gesetzbuch
BurlG	Bundesurlaubsgesetz
EntgFZG	Entgeltfortzahlungsgesetz
GewO	Gewerbeordnung
JArbschG	Jugendarbeitsschutzgesetz
KSchG	Kündigungsschutzgesetz
LAG	Landesarbeitsgericht
MuSchG	Mutterschutzgesetz
NachwG	Nachweisgesetz
SGB	Sozialgesetzbuch
StGB	Strafgesetzbuch
TzBfG	Teilzeit- und Befristungsgesetz
TVG	Tarifvertragsgesetz

Erklärung von Zeichen

   Beispiel

   Achtung

   Tipp

   Rechtsprechung

Einführung

Ein Buch zum Thema Arbeitsrecht extra für die private Sicherheitswirtschaft? Braucht man das? Das Arbeitsrecht ist doch auch nicht anders, als in anderen Branchen.

Das Arbeitsrecht mag grundsätzlich das gleiche sein, doch gibt es zum einen Nuancen, die man kennen sollte, zum anderen ist es eine Frage der Vermittlung des Wissens.

Das Verlagshaus Zitzmann ist dafür bekannt, komplexe rechtliche Sachverhalte so darzustellen, dass sie verständlich werden. Entsprechend richtet sich dieses Buch nicht an Juristen, sondern an alle die, welche in der privaten Sicherheitswirtschaft mit dem Arbeitsrecht zu tun haben – also Unternehmer, Geschäftsführer, Personalverantwortliche, Betriebsräte und interessierte Mitarbeiter.

So werden in den einzelnen Kapiteln „von der Stellenausschreibung bis zum Arbeitsgericht" – wie es im Untertitel des Buchs heißt – die relevanten Sachverhalte dargestellt, immer wieder auch mit Beispielen und aktuellen Urteilen.

So wird ein Grundlagenwissen vermittelt, welches Sie dazu befähigt, im arbeitsrechtlichen Alltag zu bestehen.

1. Rechtsgrundlagen im Arbeitsrecht

Beim „Arbeitsrecht" handelt es sich um einen Teil des Zivilrechts, der auch durch Regelungen des öffentlichen Rechts beeinflusst wird. Trotz jahrzehntelanger Bestrebungen ist es der Politik bisher nicht gelungen, ein „Arbeitsgesetzbuch" zu schaffen, das alle oder zumindest eine Mehrzahl der relevanten Regelungen umfasst. Das deutsche Arbeitsrecht besteht daher aus einem Flickenteppich unterschiedlicher Vorschriften.

Die Basis des deutschen Rechts und damit auch des Arbeitsrechts bildet das **Grundgesetz**. Auf dem Grundgesetz bauen **Gesetze** auf, die von staatlichen Stellen wie z. B. dem Bundestag oder den Landtagen (Legislative) erlassen werden.

Bürgerliches Gesetzbuch (BGB)
Gewerbeordnung (GewO)
Allgemeines Gleichbehandlungsgesetz (AGG)
...

Auf Grund von Gesetzen wiederum können **Rechtsverordnungen** erlassen werden, wofür dann die Bundes- oder Landesregierung bzw. Bundes- oder Landesministerien zuständig sind (Exekutive).

Gefahrstoffverordnung (GefStoffV)
Bewachungsverordnung (BewachV)
...

Daneben gibt es auch Vorschriften, die von anderen Institutionen geschaffen werden, z. B. Unfallverhütungsvorschriften der Berufsgenossenschaften. Hier spricht man von Satzungen autonomen Rechts. Unter anderem erlassen die Berufsgenossenschaften daher DGUV Vorschriften.

Die Berufsgenossenschaften sind frei festzulegen, wie viele Ersthelfer in einem Betrieb vorhanden sein müssen. Der Staat gibt hier keine eigenen Regelungen vor.

1 Rechtsgrundlagen im Arbeitsrecht

Das deutsche Recht ist in zwei Bereiche aufgeteilt, das öffentliche Recht und das Zivilrecht (Privatrecht).

Im öffentlichen Recht geht es (neben hier nicht relevanten Punkten wie z. B. Staatsrecht) um die Rechtsbeziehung zwischen Staat und Bürger.

Strafrecht (StGB)
Gewerbeordnung (GewO)
Waffengesetz (WaffG)
Ordnungswidrigkeitengesetz (OWiG)
...

Im Zivilrecht geht es um Rechtsbeziehungen zwischen Bürger und Bürger.

Arbeitsvertrag
Kaufvertrag
Schadensersatz (BGB)
Kündigungsschutzgesetz (KSchG)
...

Obwohl es hierbei nach einer klaren Trennung aussieht, gibt es rechtliche Fälle, in denen beide Rechtsgebiete gleichzeitig eine Rolle spielen.

Legt ein Arbeitnehmer seinem Chef gefälschte Zeugnisse vor, so kann das ein Verstoß gegen arbeitsvertragliche Vorschriften sein (Zivilrecht) und gleichzeitig ein Betrug (Strafrecht).

Da es, wie schon erwähnt, in Deutschland kein „Arbeitsrechtsgesetzbuch" gibt, sind die relevanten Vorschriften auf viele Gesetze, Verordnungen etc. verstreut.

Grundsätzlich findet „Arbeitsrecht" im Zivilrecht (Bürger – Bürger) statt und da insbesondere in den §§ 611 ff BGB.

Es gibt aber Vorschriften, die dem öffentlichen Recht (Staat – Bürger) zuzuordnen sind und trotzdem einen Einfluss auf das Arbeitsrecht haben, beispielsweise das Arbeitszeitgesetz (ArbZG), das Jugendarbeitsschutzgesetz (JArbSchG) oder das Arbeitssicherheitsgesetz (ASiG).

Individual-/Kollektivarbeitsrecht

Das Arbeitsrecht selbst kann auch in zwei verschiedene Bereiche unterteilt werden: Individual- und Kollektivarbeitsrecht.

Im **Individualarbeitsrecht** geht es um die Rechtsbeziehung zwischen Arbeitgeber und dem einzelnen Arbeitnehmer (Arbeitsvertrag).

 Arbeitsvertraglich geregelte Entgelt- oder Urlaubsansprüche.

Auch der Begriff „betriebliche Übung", eine Art Gewohnheitsrecht, fällt darunter. Unter betrieblicher Übung versteht man eine Regelung in einem Arbeitsverhältnis, die zwar nicht im Arbeitsvertrag festgelegt ist, die sich aber über einen gewissen Zeitrahmen eingebürgert hat und daher trotzdem gilt.

 Übergabezeiten bei Schichtwechsel werden nicht an beide Mitarbeiter (Ablösender/Abgelöster) bezahlt, sondern nur an einen.

 Ein Arbeitgeber gewährt seinen Mitarbeitern seit mehreren Jahren einen Weihnachtsbonus von 250,00 €. Wenn er den Bonus nicht als „einmalige freiwillige Zahlung, auf die in Zukunft kein Anspruch besteht" ausweist, die „ohne Anerkennung eines Rechtsanspruchs" bezahlt wird, haben die Arbeitnehmer spätestens im dritten Jahr weiterhin einen Anspruch auf den Bonus, auch wenn er nicht vertraglich vereinbart ist.

Im **Kollektivarbeitsrecht** geht es um die Rechtsbeziehung zwischen dem Arbeitgeber und dem Betriebsrat oder auch Arbeitgeber/Arbeitgeberverband und der zuständigen Gewerkschaft.

Als Beispiele seien hier
* Betriebsvereinbarungen (Arbeitgeber – Betriebsrat) und
* Tarifverträge (Arbeitgeber/Arbeitgeberverband – Gewerkschaft)
genannt.

Eine wichtige Rolle spielt auch die **Rechtsprechung**, also Urteile zu bestimmten Paragraphen oder Auslegungen derselben.

1 Rechtsgrundlagen im Arbeitsrecht

So wurde beispielsweise im November 2012 durch das Bundesarbeitsgericht ein Urteil gefällt, wonach der Arbeitgeber schon ab dem ersten Krankheitstag ohne Angabe von Gründen ein ärztliches Attest verlangen kann.

Gibt es zu einem Thema mehrere rechtliche Regelungen, die in Frage kommen, beispielsweise das Grundgesetz und ein „einfaches" Gesetz, so gilt nach dem Rangprinzip die höherwertige Regelung, hier das Grundgesetz.

 Ein Gesetz ist ungültig, wenn es gegen das Grundgesetz verstößt.

Gibt es zu einem Bereich mehrere Vorschriften, beispielsweise zum Thema Kündigung (BGB, Kündigungsschutzgesetz (KSchG)), so gilt das **Spezialitäts-** und **Ordnungsprinzip**, das heißt, die speziellere Vorschrift – hier das Kündigungsschutzgesetz – gilt, wenn die Voraussetzungen gegeben sind.

 Nach dem BGB kann ein Arbeitsverhältnis beidseitig ohne Grund fristgerecht gekündigt werden. Ist das KSchG anwendbar, darf der Arbeitgeber nur kündigen, wenn die Kündigung „sozial gerechtfertigt" ist.

Wenn aber zu einem Sachverhalt rechtliche Regelungen getroffen sind, die nebeneinander gelten (Arbeitsvertrag/Tarifvertrag), so gilt das **Günstigkeitsprinzip**, es gilt also die für den Arbeitnehmer günstigere Regelung.

 Legt der Tarifvertrag 28 Werktage Urlaub fest, der Arbeitsvertrag 30 Werktage, dann gilt der Arbeitsvertrag.

2. Wesen und Zustandekommen des Arbeitsvertrags

Der Arbeitsvertrag ist ein Unterfall des Dienstvertrags, §§ 611 ff BGB. Es gilt Vertragsfreiheit (Abschluss-/Inhaltsfreiheit), die Parteien können also den Vertragsinhalt grundsätzlich frei festlegen.

Diese Vertragsfreiheit ist aber durch gesetzliche Regelungen wie das Bundesurlaubsgesetz, das Arbeitszeitgesetz oder das Kündigungsschutzgesetz eingeschränkt.

 Arbeitgeber und Arbeitnehmer können im Arbeitsvertrag nicht festlegen, dass der Arbeitnehmer keinen Urlaub, dafür aber mehr Lohn erhält.

Zustande kommt ein Arbeitsvertrag durch zwei übereinstimmende Willenserklärungen, also wenn Arbeitgeber und Arbeitnehmer sich einig sind, dass sie zu bestimmten Bedingungen ein Arbeitsverhältnis miteinander eingehen wollen. Stimmen die Willenserklärungen nicht überein, kommt kein Vertrag zustande. Dabei kann es auch passieren, dass zwar beide Parteien glauben, ihre Willenserklärungen würden übereinstimmen, das in Wirklichkeit aber nicht der Fall ist, weil sich entweder einer von beiden selbst täuscht oder vom anderen getäuscht wird (vgl. unten Kapitel 2.1).

Abschluss unter Berücksichtigung der Mitwirkung der Arbeitnehmervertretung

Besteht im Betrieb ein Betriebsrat, so muss der Arbeitgeber zu jeder Neueinstellung die Zustimmung des Betriebsrates nach § 99 (1) Betriebsverfassungsgesetz (BetrVG) einholen, wenn mehr als 20 wahlberechtigte (alle ab 18 Jahre) Arbeitnehmer beschäftigt werden.

Dem Betriebsrat sind die erforderlichen Bewerbungsunterlagen vorzulegen und Auskunft über die Person der Beteiligten zu geben. Er kann daraufhin zustimmen, widersprechen oder die Wochenfrist verstreichen lassen, was dann als Zustimmung gewertet wird, § 99 (3) / (4) BetrVG.

Geltungsbereich des Arbeitsvertrages

Wie oben schon ausgeführt, besteht grundsätzlich Vertragsfreiheit, aber mit erheblichen rechtlichen Einschränkungen zu Gunsten des Arbeitnehmers.

So ist grundsätzlich zum Abschluss eines Arbeitsvertrags keine Schriftform notwendig. Eine Ausnahme bildet die Befristung eines Arbeitsvertrags nach § 14 (4) Teilzeit- und Befristungsgesetz (TzBfG).

Diese ist nur gültig, wenn die Befristung schriftlich **vor** Beginn des Arbeitsverhältnisses vereinbart wurde.

 Arbeitgeber und Arbeitnehmer vereinbaren, dass der Arbeitnehmer am nächsten Tag mit der Arbeit beginnt und der „Schriftkram" später nachgeholt wird.

Ergebnis:
In diesem Fall besteht ein gültiger (mündlicher) Arbeitsvertrag. Der Arbeitgeber ist jedoch unabhängig davon verpflichtet, innerhalb eines Monats den Vertrag schriftlich zu fixieren, § 2 Nachweisgesetz (NachwG).

Zu beachten ist jedoch das Nachweisgesetz (NachwG).

§ 2 NachwG legt Folgendes fest:
Der Arbeitgeber hat spätestens einen Monat nach dem vereinbarten Beginn des Arbeitsverhältnisses die wesentlichen Vertragsbedingungen schriftlich niederzulegen, die Niederschrift zu unterzeichnen und dem Arbeitnehmer auszuhändigen. In die Niederschrift sind mindestens aufzunehmen:

1. der Name und die Anschrift der Vertragsparteien,
2. der Zeitpunkt des Beginns des Arbeitsverhältnisses,
3. bei befristeten Arbeitsverhältnissen die vorhersehbare Dauer des Arbeitsverhältnisses,
4. der Arbeitsort oder, falls der Arbeitnehmer nicht nur an einem bestimmten Arbeitsort tätig sein soll, ein Hinweis darauf, dass der Arbeitnehmer an verschiedenen Orten beschäftigt werden kann,
5. eine kurze Charakterisierung oder Beschreibung der vom Arbeitnehmer zu leistenden Tätigkeit,

6. die Zusammensetzung und die Höhe des Arbeitsentgelts einschließlich der Zuschläge, der Zulagen, Prämien und Sonderzahlungen sowie anderer Bestandteile des Arbeitsentgelts und deren Fälligkeit,
7. die vereinbarte Arbeitszeit,
8. die Dauer des jährlichen Erholungsurlaubs,
9. die Fristen für die Kündigung des Arbeitsverhältnisses,
10. ein in allgemeiner Form gehaltener Hinweis auf die Tarifverträge, Betriebs- oder Dienstvereinbarungen, die auf das Arbeitsverhältnis anzuwenden sind.

2.1. Mängel beim Zustandekommen von Arbeitsverträgen

Beim Abschluss eines Arbeitsvertrages kann es vorkommen, dass dieser nicht wirksam zustande kommt. So ist dieser „schwebend unwirksam", wenn ein Vertragspartner nicht oder nur bedingt geschäftsfähig ist, §§ 105 ff BGB, insbesondere § 108 BGB. Wird dieser dann nicht im Nachhinein durch einen Berechtigten genehmigt, gilt er als von vornherein unwirksam.

 Der 17-jährige Gernegroß schließt einen Ausbildungsvertrag mit der Sicher & Wach GmbH.

Ergebnis:
Wenn die Erziehungsberechtigten nicht nachträglich zustimmen, gilt der Vertrag als von Beginn an nicht zu Stande gekommen und ist unwirksam.

Täuscht sich einer der Vertragspartner bei Vertragsschluss selbst über für das Vertragsverhältnis wichtige Inhalte, kann er den Vertrag anfechten, Irrtum § 119 BGB.

 Da im Arbeitsvertrag „Frankfurt" als Arbeitsplatz genannt wird, denkt der Arbeitnehmer Hesse, es handelt sich um „Frankfurt/Main", dabei ist „Frankfurt/Oder" gemeint.

Dasselbe gilt für eine arglistige Täuschung oder Drohung, § 123 BGB, bei Vertragsschluss, wenn der eine Vertragspartner vom anderen über wesentliche Vertragsinhalte getäuscht wird. Auch hier kann der Vertrag vom Getäuschten angefochten werden.

 Täuschung:
Im Personalfragebogen der Sicher & Wach GmbH gibt Bewerber Wiesel, der sich als Streifenfahrer bewirbt, an, dass er einen einwandfreien Leumund hat, obwohl er mehrfach wegen Diebstahl und Unterschlagung vorbestraft ist. Er wird deswegen eingestellt, was sonst nie der Fall gewesen wäre. Für eine Stelle in einem Bewachungsunternehmen nach § 34a GewO ist diese Frage zulässig.

Beantwortet ein Bewerber eine erlaubte Frage des Arbeitgebers (überhaupt) nicht, so liegt auch keine Täuschung vor, wegen welcher der Arbeitsvertrag angefochten werden könnte. In diesem Fall ist es dem Arbeitgeber zuzumuten, konkret nachzufragen, warum beispielsweise eine bestimmte Frage im Personalfragebogen nicht beantwortet wurde.

Drohung:
Arbeitgeber G. Mein droht seinem Arbeitnehmer Schüchern „harte Konsequenzen" an, wenn dieser nicht sofort einen Änderungsvertrag unterschreibt, wonach er zukünftig einen Euro weniger pro Stunde verdient.

2.2. Fragerecht beim Einstellungsgespräch/im Einstellungsbogen

Der Arbeitgeber hat aber kein uneingeschränktes Fragerecht. Auf Fragen u. a. nach Schwangerschaft, Parteizugehörigkeit, Gewerkschaftszugehörigkeit, sexuellen Neigungen oder Lebensplanung muss nicht (ehrlich) geantwortet werden.

Auf die Frage nach Krankheiten muss nur wahrheitsgemäß geantwortet werden, wenn diese für die Tätigkeit relevant sind oder wenn es sich um ansteckende Krankheiten handelt, da der Arbeitgeber in diesem Fall seiner Fürsorgepflicht den anderen Arbeitnehmern gegenüber nachkommen muss. Auch die Frage nach einer Schwerbehinderung ist grundsätzlich unzulässig, um eine Diskriminierung zu vermeiden, es sei denn, dass es für den Arbeitsplatz von maßgeblicher Bedeutung ist.

Selbst wenn sich eine Schwangere auf eine Stelle bewirbt, auf der sie wegen ihrer Schwangerschaft nicht eingesetzt werden darf, ist das seitens des Arbeitgebers kein Grund, den geschlossenen Arbeitsvertrag wegen Täuschung anzufechten. Die Schwangere ist ja nicht dauerhaft schwanger, sondern kann nach Beendigung des Beschäftigungsverbots ganz „normal" eingesetzt werden.

In der privaten Sicherheitswirtschaft sind aber Fragen nach der Zuverlässigkeit (keine Vorstrafen) oder auch nach gesundheitlichen Einschränkungen, welche die Diensttätigkeit dauerhaft beeinträchtigen können, erlaubt.

Zudem hat der Betriebsrat ein Mitbestimmungsrecht, was den Personalfragebogen angeht, § 94 BetrVG.

Ficht eine Vertragspartei den Vertrag an, ist die Rechtsfolge, dass der Arbeitsvertrag von vornherein nichtig ist, so als ob er nie bestanden hätte. In einem solchen Fall spricht man von einem so genannten „faktischen Arbeitsverhältnis". Das heißt, obwohl das Arbeitsverhältnis offiziell nie bestanden hat, muss der Arbeitgeber das Entgelt bis zum Anfechtungszeitpunkt bezahlen.

 Ein Sicherheitsmitarbeiter wird eingestellt, weil er wahrheitswidrig im Einstellungsgespräch behauptet hat, er sei zuverlässig (keine relevanten Eintragungen im Führungszeugnis). Bei der Meldung an das Ordnungsamt stellt sich heraus, dass das nicht stimmt.

Ergebnis:
Der Arbeitgeber kann den Arbeitsvertrag anfechten, der Arbeitsvertrag ist von vornherein nichtig. Der Arbeitnehmer kann jedoch für die Zeit, die er gearbeitet hat Entgelt verlangen.

 Eine Kündigung seitens des Arbeitgebers kommt nicht in Betracht, da der Auflösungsgrund (wahrheitswidrige Angaben) **vor** dem Vertragsabschluss liegt. Gekündigt werden kann nur, wenn das Arbeitsverhältnis **nach** Beginn beendet werden soll.

Wird ein Bewerber von einem Unternehmen zu einem Bewerbungsgespräch eingeladen, so hat das Unternehmen die entstandenen Kosten zu tragen, außer es wurde etwas anderes vereinbart, § 670 BGB (Aufwendungsersatz).

2.3. Diskriminierungsverbot

Insbesondere bei Annoncen und beim Einstellungsgespräch, aber auch während der gesamten Laufzeit eines Arbeitsvertrags ist das Allgemeine Gleichbehandlungsgesetz (AGG), insbesondere die §§ 1, 2 und 7 AGG zu beachten.

So ist es beispielsweise verboten, in einer Stellenausschreibung für Empfangstätigkeiten nur nach „Frauen unter 30 Jahren" zu suchen. Hier würden Männer im Allgemeinen und Frauen über 30 Jahren benachteiligt.

Auch Stellenausschreibungen wie „unser junges Team sucht ..." sind tabu, da hier ältere Mitarbeiter diskriminiert werden.

 Es reicht schon aus, wenn ein Unternehmen durch eine **fehlerhafte Formulierung in einer Stellenausschreibung** ein Indiz für eine Diskriminierung gesetzt hat. Hier drohen Entschädigungsforderungen auch von solchen abgewiesenen Bewerbern, die nicht über die objektive Eignung für die Stelle verfügen (BAG, Urteil vom 11.8.2016, Az: 8 AZR 406/14).

 Ein Unternehmen in Baden-Württemberg hatte einem Bewerber seine Unterlagen mit dem Hinweis „Ossi" zurückgesandt. Das zuständige Gericht entschied, dass „Ossi" keine Ethnie sei. Eine Entschädigung nach AGG kommt daher nicht in Betracht, wenn ein Arbeitgeber einen Bewerber aus den neuen Bundesländern wegen seiner Herkunft ablehnt (ArbG Stuttgart, Urt. v. 15.4.2010 – 17 Ca 8907/09).

 Auch wenn Sie auf Kundenwunsch nur „Frauen unter 30 Jahren" suchen, formulieren Sie die Stellenannonce trotzdem „neutral", so dass sich keiner benachteiligt fühlen kann.

Als Arbeitgeber ist man auch verpflichtet, während des Arbeitsverhältnisses dafür zu sorgen, dass es zu keiner Diskriminierung durch Vorgesetzte oder Kollegen kommt (Mobbing). Dies wird durch die so genannte Fürsorgepflicht des Arbeitgebers verlangt.

Kommt es trotzdem zu solchen Fällen und unternimmt der Arbeitgeber nichts dagegen, kann der Arbeitnehmer ein Beschwerderecht ausüben (§13 AGG) und unter Umständen sogar Schadensersatz verlangen (§ 15 AGG).

3. Arten von Arbeitsverhältnissen

In der Praxis können verschiedene Arten von Arbeitsverhältnissen eine Rolle spielen. Dabei gibt es nicht „das beste" Arbeitsverhältnis. Vielmehr sollte das für den Einzelfall beste herausgefunden werden.

Im Einzelnen gibt es folgende Arten:

*   **Unbefristeter Arbeitsvertrag**
    Dabei handelt es sich um einen Arbeitsvertrag, der – wie der Name schon sagt – nicht auf eine bestimmte Zeit begrenzt, sondern auf Dauer angelegt ist (sogenanntes Dauerschuldverhältnis). Er kann u. a. einseitig (Anfechtung/Kündigung) oder beidseitig (Aufhebungsvertrag) beendet werden und endet im Idealfall mit dem Renteneintritt.

*   **Befristeter Arbeitsvertrag**
    In der Praxis spielen seit Jahren auch befristete Arbeitsverhältnisse eine große Rolle, da es für den Arbeitgeber dadurch einfacher ist, das Arbeitsverhältnis zu beenden. Insbesondere bei zeitlich befristeten Aufträgen wie beispielsweise Baustellenbewachungen oder der Absicherung von Veranstaltungen wie Bundes- oder Landesgartenschauen, die nur ein paar Monate dauern, sind befristete Arbeitsverträge das geeignete Mittel, um eben genau solche Auftragsspitzen abdecken zu können, ohne danach mit mehreren Mitarbeitern dazustehen, die man nur noch schwer los wird.

    Trotzdem sind befristete Arbeitsverhältnisse Gewerkschaften und gewerkschaftsnahen Politikern ein Dorn im Auge, da eben gerade kein unbefristetes Arbeitsverhältnis entsteht und so in gewisser Weise nach deren Argumentation der Kündigungsschutz ausgehebelt wird.

Es gibt nach § 14 TzBfG zwei Möglichkeiten, einen Arbeitsvertrag rechtmäßig zu befristen:

1. Wenn ein sachlicher Grund vorliegt, § 14 (1) TzBfG.

Dies kann beispielsweise eine Schwangerschaftsvertretung oder die zeitlich begrenzte Bewachung einer Baustelle sein. Ein Zeitlimit, wie bei der Befristung ohne sachlichen Grund, gibt es dabei grundsätzlich nicht.

2. Ohne sachlichen Grund maximal bis zu zwei Jahren, wobei innerhalb dieser zwei Jahre maximal dreimal verlängert werden darf, § 14 (2) TzBfG.

 Ein Arbeitnehmer erhält zunächst einen auf ein Jahr befristeten Arbeitsvertrag, im Anschluss einen weiteren für sechs Monate und zum Schluss einen für nochmals sechs Monate.

Eine Sonderregelung gibt es für Existenzgründer. Diese können Arbeitsverträge in den ersten vier Jahren nach Gründung eines Unternehmens ohne sachliche Begründung bis zu vier Jahre befristen. Innerhalb dieser vier Jahre ist auch eine mehrfache Verlängerung zulässig.

Hat ein Arbeitnehmer das 52. Lebensjahr vollendet und war vor Beginn des befristeten Arbeitsverhältnisses mindestens vier Monate beschäftigungslos, kann sogar bis zu fünf Jahre befristet werden. Auch hier ist innerhalb dieser fünf Jahre eine mehrfache Verlängerung zulässig.

Werden mehrfach nacheinander befristete Arbeitsverträge geschlossen, so müssen diese direkt aneinander anschließen. Selbst wenn nur Tage dazwischen liegen, ist eine weitere Befristung unwirksam. Der neuerliche Vertrag wäre dann unbefristet.

 Nach einem Urteil des Bundesarbeitsgerichts (Urteil vom 06.04.2011 Az.: 7 AZR 716/09) konnte jedoch erneut rechtlich wirksam befristet werden, wenn zwischen den Verträgen mindestens drei Jahre lagen. Nach einem Urteil des LAG Niedersachsen vom 20.07.2017 Az.: 6 SA 1125/16 gibt dies nicht (mehr). Bis zu einer neuerlichen Entscheidung des BAG sollte man hier vorsichtig sein.

 Fraglich ist auch, wie oft nacheinander ein Arbeitnehmer befristet werden darf (sogenanntes „Kettenarbeitsverhältnis"). Auch hier kommt es auf den Einzelfall an. So wurden vier befristete Arbeitsverhältnisse mit einer Gesamtdauer von sieben Jahren und neun Monaten nicht beanstandet, wogegen 13 befristete Arbeitsverträge über 11 Jahre als rechtsmissbräuchlich angesehen wurden.

 Die Befristung eines Arbeitsvertrags bedarf zu Ihrer Wirksamkeit der Schriftform **vor Beginn** des Arbeitsverhältnisses, § 14 (4) TzBfG.

Arbeitnehmer Lang wird von der Sicher & Wach GmbH befristet eingestellt. Den schriftlichen Arbeitsvertrag erhält er drei Tage nach Arbeitsbeginn.

Ergebnis:
Es besteht ein unbefristetes Arbeitsverhältnis.

Arbeitet ein Arbeitnehmer nach Ende der Befristung ungehindert weiter, so entsteht ebenfalls ein unbefristetes Arbeitsverhältnis, § 15 (5) TzBfG.

 Der Arbeitnehmer B. Fristet ist bei Sicher & Wach GmbH befristet bis zum 30.09. beschäftigt. Am 01.10. nimmt er seine Arbeit wie gewohnt auf, ohne dass er daran gehindert wird.

Ergebnis:
B. Fristet ist damit unbefristet beschäftigt.

Das Zusenden eines Dienstplans, in dem der befristete Arbeitnehmer über das Ende seines Arbeitsvertrags hinaus eingeteilt ist, reicht dagegen nicht, um ein befristetes in ein unbefristetes Arbeitsverhältnis umzuwandeln.

 Eine ordentliche Kündigung eines befristeten Arbeitsverhältnisses ist grundsätzlich nicht möglich, es sei denn, es ist einzelvertraglich oder durch anwendbaren Tarifvertrag festgelegt, § 15 (3) TzBfG.

Vollzeitarbeitsverhältnis

Bei einem Vollzeitarbeitsverhältnis muss der Arbeitgeber dem Arbeitnehmer für die Anzahl von Arbeitsstunden Entgelt bezahlen, die im Tarifvertrag (bzw. Arbeitsvertrag) festgelegt ist.

 Diesen Betrag muss der Arbeitgeber auch bezahlen, wenn der Arbeitnehmer weniger Stunden gearbeitet hat. Der Abschluss eines solchen Vertrags ist daher nur sinnvoll, wenn eine Vollbeschäftigung auch gewährleistet ist.

Teilzeitarbeitsverhältnis

Bei einem Teilzeitarbeitsverhältnis ist die Stundenzahl auf Teilzeit begrenzt, also auf weniger als „Vollzeit". Auch wenn sich Arbeitsformen wie Job-Sharing (zwei Arbeitnehmer teilen sich einen Arbeitsplatz) bisher nur bedingt am deutschen Arbeitsmarkt durchgesetzt haben, gibt es doch nicht wenige Arbeitnehmer, die beispielsweise aus Gründen der Kinderbetreuung nur Teilzeit arbeiten wollen oder können.

In den §§ 1 - 13 Teilzeit- und Befristungsgesetz (TzBfG) finden sich Regelungen zum Thema Teilzeitarbeit.

§ 8 TzBfG regelt, unter welchen Voraussetzungen ein Arbeitnehmer Anspruch auf Verkürzung der Arbeitszeit hat:

- Sein Arbeitsverhältnis zum einen muss länger als sechs Monate bestanden haben (Absatz 1).
- Im Betrieb müssen mehr als 15 Arbeitnehmer beschäftigt sein (Absatz 7).
- Er muss die Verringerung der Arbeitszeit und den Umfang spätestens drei Monate vor Beginn geltend machen (Absatz 2).

Liegen diese Voraussetzungen vor, so muss der Arbeitgeber der gewünschten Verringerung zustimmen, soweit nicht betriebliche Gründe entgegenstehen (Absatz 4). Die Entscheidung über die Verringerung der Arbeitszeit hat der Arbeitgeber dem Arbeitnehmer spätestens einen Monat vor dem Beginn der gewünschten Verringerung schriftlich mitzuteilen. Teilt er die Entscheidung nicht mit, verringert sich die Arbeitszeit im vom Arbeitnehmer gewünschten Umfang (Absatz 5).

Eine spezielle Variante eines Teilzeitarbeitsverhältnisses ist eine Tätigkeit auf 450-€-Basis. Hier ist der Arbeitnehmer frei von Sozialabgaben, wenn er sich von der Rentenversicherung befreien lässt. Der Arbeitgeber zahlt „nur" Sozialabgaben in Höhe von 30,94 % auf den Lohn (Stand 2018).

 Weichen die geleisteten Stunden von den im Arbeitsvertrag vereinbarten Stunden massiv nach oben ab, kann der Arbeitnehmer schon nach wenigen Monaten einen Anspruch auf diese höhere Stundenzahl haben, da hier eine stillschweigende (konkludente) Vertragsänderung vorliegen kann. Es sollte in diesem Fall eine Zusatzvereinbarung abgeschlossen werden, welche diesen Sachverhalt für beide Seiten einvernehmlich regelt.

Probearbeitsverhältnis

Bei einem Probearbeitsverhältnis wird vereinbart, dass der Arbeitnehmer probeweise arbeitet, maximal für sechs Monate. Danach wird entschieden, ob ein unbefristetes Arbeitsverhältnis eingegangen werden soll.

Berufsausbildungsverhältnis

Ausbildungsverhältnisse (für die Fachkraft/Servicekraft für Schutz und Sicherheit) sind grundsätzlich auch Arbeitsverhältnisse nach § 611 ff BGB, unterliegen aber speziellen Regelungen u. a. nach dem Berufsbildungsgesetz (BBiG) und dem Jugendarbeitsschutzgesetz (JArbSchG). Detaillierte Ausführungen dazu finden Sie in den Publikationen aus dem Verlagshaus Zitzmann zum Thema Ausbildereignungsprüfung nach AEVO.

Aushilfsarbeitsverhältnis

Ein Aushilfsarbeitsverhältnis liegt vor, wenn ein Arbeitnehmer nur vorübergehend als Ersatz z. B. für einen erkrankten Mitarbeiter eingestellt wird oder nur für die Bewachung im Rahmen eines dreitägigen Festivals.

Diese Arten von Arbeitsverhältnissen sind zu unterscheiden von der Arbeitnehmerüberlassung und einem Vertrag mit freien Mitarbeitern (Selbstständigen).

Arbeitnehmerüberlassung

Bei Arbeitnehmerüberlassung handelt es sich eben gerade nicht um ein Arbeitsverhältnis zwischen Arbeitgeber (Entleiher) und dem "Arbeitenden" (Entliehenen). Dieser ist vielmehr nach dem Arbeitnehmerüberlassungsgesetz (AÜG) beim Verleiher als Arbeitnehmer beschäftigt und wird "nur" nach Weisungen des Entleihers tätig.

Es besteht ein „Dreiecksverhältnis". Entleiher und Verleiher schließen einen Arbeitnehmerüberlassungsvertrag, Verleiher und Entliehener einen Arbeitsvertrag. Zudem ist der Entleiher dem Entliehenen gegenüber weisungsbefugt.

Die Vorteile für den Entleiher liegen auf der Hand. Zum einen hat er mit dem „Arbeitenden" keinen Arbeitsvertrag, kann sich also jederzeit von ihm trennen, zum anderen trägt er nicht das Risiko und die Kosten von Entgeltfortzahlung im Krankheitsfall oder Urlaub. Dagegen besteht die Gefahr, dass Leiharbeiter sich nicht mit dem Entleiher und dessen Unternehmen identifizieren oder auch dass das Know-How im Bereich Sicherheit darunter leidet.

 Nach den Änderungen des Arbeitnehmerüberlassungsgesetzes 2017 ist zu beachten, dass Mitarbeiter von Subunternehmern nur auf Anweisung eines Vorgesetzten des eigenen Sicherheitsunternehmens in einem abgeschlossenen Bereich arbeiten dürfen, da sonst eine Arbeitnehmerüberlassung vorliegt.

Subunternehmer/freier Mitarbeitervertrag

Selbständig ist, wer „im Wesentlichen frei seine Tätigkeit gestalten und seine Arbeitszeit bestimmen kann", § 84 (1) HGB. Wird aber nur für einen Auftraggeber gearbeitet oder darf der "Selbstständige" sogar nur selbst als Person arbeiten, kann es sich um eine Scheinselbstständigkeit handeln, was zu Nachzahlungen von Sozialversicherungsbeiträgen führen kann. Auch die an den „Selbstständigen" bezahlte Umsatzsteuer wäre in diesem Fall verloren.

 Der selbstständige Unternehmer Subber arbeitet seit Jahren 95 % seiner Arbeitszeit für die Wach & Sicher AG in deren Firmenräumen nach deren Dienstanweisung. Andere Auftraggeber hat er nicht.

Ergebnis:
Hier liegt eine Scheinselbstständigkeit vor.

 Vorsicht bei „Ein-Mann-Bewachungsunternehmen". Bei Subunternehmern sollte unbedingt darauf geachtet werden, dass diese eigene Arbeitnehmer haben und „unternehmerisch am Markt auftreten", beispielsweise durch eigene Firmenfahrzeuge, eigene Homepage und sonstige Werbemaßnahmen. Im Zweifel sollte man die Unternehmereigenschaft von einem Fachmann überprüfen lassen.

4. Arbeitszeit

Die Arbeitszeiten der Arbeitnehmer können im Rahmen der gesetzlichen Regelungen nach dem Arbeitszeitgesetz (ArbZG) frei vereinbart werden.

Die folgenden Ausführungen werden sicherlich trotzdem für den einen oder anderen überraschend sein, da sie stark von der Realität abweichen.

So heißt es in § 3 ArbZG:
Die werktägliche Arbeitszeit der Arbeitnehmer darf acht Stunden nicht überschreiten. Sie kann auf bis zu zehn Stunden nur verlängert werden, wenn innerhalb von sechs Kalendermonaten oder innerhalb von 24 Wochen im Durchschnitt acht Stunden werktäglich nicht überschritten werden.

Bei Nachtschichtbetrieb muss der Ausgleich sogar innerhalb eines Monats erfolgen (vgl. § 6 (2) ArbZG).

Demnach sind die in der Sicherheitsbranche immer noch üblichen 12-Stunden-Schichten (noch dazu ohne Pausen) grundsätzlich unzulässig. Jedoch können die Arbeitszeiten durch Tarifvertag verlängert werden. So erlaubt z. B. der Manteltarifvertrag für Bayern in zwei Lohngruppen eine unglaubliche Arbeitszeit von bis zu 288 h/Monat. Das sind bei 30 Tagen im Monat 9,6 h jeden (!) Tag.

Sonn- und Feiertagsbeschäftigung ist entsprechend durch Ersatzruhetage auszugleichen, mindestens 15 Sonntage im Jahr müssen beschäftigungsfrei bleiben, § 11 ArbZG.

4.1. Pausen/Ruhezeiten

Dazu muss bei einer Arbeitszeit von sechs bis neun Stunden eine Pause von 30 Minuten gewährt werden, über neun Stunden sogar von 45 Minuten. Eine Beschäftigung eines Arbeitnehmers länger als sechs Stunden am Stück ohne Pause darf nicht erfolgen (vgl. § 4 ArbZG). Eine Möglichkeit, diese gesetzliche Pausenregelung zu gewährleisten, ist der Bereitschaftsdienst (vgl. 4.2 im Anschluss).

Nach Beendigung der Arbeitszeit muss eine Ruhezeit von mindestens 11 Stunden eingehalten werden, § 5 ArbZG.

Auch dies ist im Bewachungsgewerbe leider die absolute Ausnahme.

4.2. Rufbereitschaft, Bereitschaftsdienst und Arbeitsbereitschaft

Unterschieden werden muss hier zwischen Rufbereitschaft, Bereitschaftsdienst und Arbeitsbereitschaft.

Eine **Rufbereitschaft** liegt vor, wenn der Arbeitnehmer an einem selbst bestimmten Ort auf Abruf bereitsteht, um die Arbeit bei Bedarf aufzunehmen zu können.

 Ein Arbeitnehmer ist bei sich zu Hause, muss aber bei Bedarf sofort zum Arbeitsplatz kommen, wenn ein Kollegen ausfällt, damit der entsprechende Dienst besetzt ist.

Ein **Bereitschaftsdienst** ist gegeben, wenn der Arbeitnehmer auf Abruf an einem vom Arbeitgeber vorgegebenen Ort bereitsteht, um die Arbeit bei Bedarf aufzunehmen zu können.

 Ein Alarmverfolger befindet sich ohne weitere Tätigkeit in der Zentrale eines Sicherheitsunternehmens und wird nur beim Eingang eines Alarms tätig, indem er zum Kundenobjekt fährt, in dem der Alarm ausgelöst wurde.

Eine **Arbeitsbereitschaft** wiederum liegt vor, wenn sich der Arbeitnehmer im Arbeitsbereich im Zustand „wacher Achtsamkeit im Zustand der Entspannung" befindet, wie es im Juristendeutsch so schön heißt.

 Ein Sicherheitsmitarbeiter im Pfortendienst eines Stahlwerks außerhalb der Zeiten mit Publikumsverkehr. Solange nicht eine Gefahrenmeldung o. ä. eingeht, muss er nichts tun.

Dass der Arbeitnehmer für alle drei Bereiche bezahlt werden muss, sollte außer Frage stehen. Zudem stehen einem Arbeitnehmer, auch wenn er „nur" in Arbeitsbereitschaft ist, die gesetzlichen Pausenzeiten zu.

Das heißt, der Arbeitgeber muss die Möglichkeit für Pausen im gesetzlichen Rahmen (vgl. oben 4.1) schaffen, entweder durch eine Pausenvertretung oder durch ein Versetzen des Arbeitnehmers in Bereitschaftsdienst während der Pausenzeiten.

Im vorgenannten Beispiel (Sicherheitsmitarbeiter im Pfortendienst eines Stahlwerks) könnte dies so aussehen, dass die Pforte während der Pausen geschlossen wird und der Sicherheitsmitarbeiter nur im Notfall (Einbruch, Brand) reagieren muss.

Wenn die Pausenregelungen nicht eingehalten werden, liegt ein (dauerhafter) Verstoß gegen das Arbeitszeitgesetz vor, was im Extremfall neben Bußgeldern auch den Widerruf der Bewachungserlaubnis nach sich ziehen könnte.

Dazu kommen auch Haftungsrisiken, wenn beispielsweise ein Sicherheitsmitarbeiter zu Schaden kommt und sich danach herausstellt, dass er die gesetzlichen Pausen nicht nehmen durfte. In diesem Fall drohen dem Arbeitgeber neben Schadensersatz- oder Regressforderungen auch strafrechtliche Konsequenzen.

5. Urlaub

Den Urlaubsanspruch der Arbeitnehmer können die Vertragsparteien im Rahmen der gesetzlichen Regelungen des Bundesurlaubsgesetzes (BUrlG) frei vereinbaren, meistens gibt es jedoch eine tarifliche Regelung.

Nach § 3 BUrlG beträgt der jährliche Urlaub mindestens 24 Werktage.

 Als Werktage gelten Montag bis Samstag, als Arbeitstage nur Montag bis Freitag. Entsprechend muss der Arbeitnehmer für eine volle Woche Urlaub nur fünf bzw. sechs Tage Urlaub nehmen und nicht sieben, wie es machen Sicherheitsunternehmen von Ihren Mitarbeitern fordern.

Sonderregelungen zum Thema Urlaub gibt es für:

* werdende Mütter, § 24 MuSchG (Zeiten von Beschäftigungsverboten werden für den Urlaubsanspruch berücksichtigt)
* Jugendliche, § 19 JArbSchG (Jugendliche bis 16 Jahre haben 30 Werktage Urlaub, bis 17 Jahre 27 Tage, bis 18 Jahre 25 Tage) und
* Schwerbehinderte, § 125 SGB IX (zusätzlicher Anspruch von fünf Tagen)

Der volle Urlaubsanspruch entsteht erst nach sechs Monaten, § 4 BUrlG (Wartezeit).

 Arbeitnehmer Kurz beginnt am 02.01. bei der Sicher & Wach GmbH als Sicherheitsmitarbeiter. Im August möchte er seinen gesamten Jahresurlaub nehmen.

Ergebnis:
Er hat nach § 4 BUrlG einen Anspruch darauf.

Der Teilurlaub ist in § 5 BUrlG geregelt.

 Scheidet Arbeitnehmer Kurz aus dem vorherigen Beispiel schon Ende Mai aus dem Arbeitsverhältnis aus, so stehen ihm 5/12 seines Jahresurlaubsanspruchs zu.

5 Urlaub

Der Zeitpunkt und die Länge des Urlaubs richten sich nach den Urlaubswünschen des Arbeitnehmers und den betrieblichen Belangen, wobei der Urlaub nach Möglichkeit zusammenhängend zu gewähren ist, § 7 (1) / (2) BUrlG. So kann ein Sicherheitsunternehmen logischerweise nicht allen Arbeitnehmern gleichzeitig in den Sommerschulferien im August freigeben. In diesem Fall erhalten die Arbeitnehmer bevorzugt Urlaub, welche schulpflichtige Kinder haben und damit an die Ferien gebunden sind.

Zudem muss der Urlaub im laufenden Jahr gewährt und auch genommen werden, es sei denn, dass dringende betriebliche oder in der Person des Arbeitnehmers liegende Gründe eine Übertragung ins Folgejahr rechtfertigen. Dann muss der Urlaub aber in den ersten drei Monaten genommen werden, § 7 (3) BUrlG.

 Arbeitnehmer Sorglos hat aus dem letzten Jahr noch 10 Tage Urlaub übrig, die er aus betrieblichen Gründen nicht nehmen konnte. Im Mai beantragt er, diese Urlaubstage nehmen zu dürfen.

Ergebnis (bisherige Rechtsprechung):
Er hat keinen Anspruch darauf, der Urlaub ist verfallen.

 Nach einer Entscheidung des Landesarbeitsgericht München (Urt. v. 06.05.2015, Az. 8 Sa 982/14) muss ein Arbeitgeber den Arbeitnehmer auffordern, den Urlaub zu nehmen und wenn dieser keine Wünsche äußert, den Urlaub einseitig festlegen. Demnach würde der Urlaub im vorgenannten Beispiel nicht verfallen sein, wie es bisher einhellige Rechtsprechung war. Der Fall wurde vom Bundesarbeitsgericht dem Europäischen Gerichtshof vorgelegt, ist also noch nicht rechtskräftig.

Kann der Urlaub wegen Beendigung des Arbeitsverhältnisses ganz oder teilweise nicht mehr gewährt werden, so ist er abzugelten, § 7 (4) BUrlG.

Erkrankt ein Arbeitnehmer während des Urlaubs, so werden die durch ärztliches Zeugnis nachgewiesenen Tage der Arbeitsunfähigkeit nicht auf den Jahresurlaub angerechnet, § 9 BUrlG.

 Ein Arbeitnehmer wird während seines 14-tägigen Urlaubs fünf Tage krank und legt dafür ein ärztliches Attest vor.

Ergebnis:
Es werde nur neun Tage Urlaub angerechnet, für die fünf Tage, an denen er krank war, hat er einen Anspruch auf Entgeltfortzahlung.

Für die Dauer des Urlaubs hat der Arbeitnehmer einen Vergütungsanspruch, das so genannte **Urlaubsentgelt** (§ 11 BUrlG). Dies bemisst sich, außer es gibt anderslautende Regelungen in einem Tarifvertrag, nach dem Verdienst der letzten 13 Wochen geteilt durch 91. Überstunden werden bei der Berechnung nicht berücksichtigt.

Nicht verwechselt werden darf das Urlaubsentgelt mit dem **Urlaubsgeld**, einer freiwilligen Leistung des Arbeitgebers.

Für das Urlaubsgeld gilt das oben Gesagte, nämlich dass die Arbeitnehmer einen dauerhaften Anspruch darauf erlangen, wenn es der Arbeitgeber wiederholt ohne Vorbehalt bezahlt.

Auch Teilzeit- und 450-€-Kräfte haben einen Anspruch auf Urlaub, ebenso wie auf Entgeltfortzahlung im Krankheitsfall.

6. Rechte und Pflichten aus dem Arbeitsverhältnis

6.1. Rechte und Pflichten des Arbeitnehmers

Die Pflichten des Arbeitnehmers teilen sich in sogenannte Haupt- und Nebenpflichten.

Die Hauptpflicht des Arbeitnehmers ist die persönliche Arbeitspflicht am vereinbarten Ort zur vereinbarten Zeit nach der vertraglich vereinbarten Anweisung des Arbeitgebers.

Eine wichtige Nebenpflicht des Arbeitnehmers ist die Treuepflicht, darunter fällt beispielsweise die Verschwiegenheitspflicht über Geschäfts- und Betriebsgeheimnisse.

Auch die Pflicht des Arbeitnehmers, sich körperlich und geistig fit zu halten, um seine Arbeit entsprechend ausüben zu können, fällt in diesen Bereich.

Das bedeutet jedoch nicht, dass ein generelles Nebentätigkeitsverbot besteht. Nur Nebentätigkeiten, die dazu führen, dass die Haupttätigkeit darunter leidet oder eine Nebentätigkeit bei einem direkten Konkurrenten ist unzulässig.

 Ein Arbeitnehmer, der bei Wach & Sicher AG als Sicherheitsmitarbeiter Vollzeit arbeitet (06:00 – 18:00 Uhr), ist nebenbei fünf Mal in der Woche von 20:00 – 05:00 Uhr in der Bar Celona als Barkeeper tätig.

Meist ist aber eine Anzeigepflicht für Nebentätigkeiten im Arbeitsvertrag vereinbart.

 In den letzten Jahren hat es sich in vielen Sicherheitsunternehmen eingebürgert, dass Mitarbeiter 24 Stunden am Tag per Handy erreichbar sein müssen. Dies ist unzulässig, solange der Arbeitnehmer dafür kein Entgelt erhält. Es handelt sich hier um eine Rufbereitschaft (vgl. oben 4.2).

Ebenso ist es unzulässig die Mitarbeiter zu verpflichten, permanent Facebook- oder Whatsapp-Gruppen auf kurzfristige Dienstplanänderungen zu überprüfen.

Einmal festgelegte Dienstpläne dürfen grundsätzlich **nur nach Absprache** mit dem Arbeitnehmer geändert werden, es sei denn, dass im Rahmen des Direktionsrechts des Arbeitgebers im Notfall eine Ausnahme möglich ist (vgl. unter Kapitel 7.1/7.2).

Zu den Rechten des Arbeitnehmers zählen u. a.:

* ein Anspruch auf Vergütung
* ein Anspruch auf Beschäftigung
* ein Anspruch auf Urlaub, Entgeltfortzahlung im Krankheitsfall etc.
* Elterngeld/Elternzeit nach dem Bundeselterngeld- und Elternzeitgesetz (BEEG)

6.2. Rechte und Pflichten des Arbeitgebers

Zu den Rechten des Arbeitgebers gehören neben dem Weisungsrecht (Direktionsrecht) gegenüber dem Arbeitnehmer die oben genannten Arbeitnehmerpflichten. Zudem darf er die Arbeitnehmer (in gesetzlichen Rahmen) bei der Arbeit auch überwachen.

 Immer wieder taucht dabei die Frage auf, ob auch eine Videoüberwachung der Arbeitnehmer, insbesondere eine verdeckte, zulässig ist.

In einem Rechtsstreit um eine fristlose Kündigung eines Arbeitnehmers lag der Fall zu Grunde, dass ein Arbeitgeber wegen Materialschwund in einem Bereich, der für die Arbeitnehmer verboten war, eine verdeckte Videoüberwachung installierte und dadurch einen Arbeitnehmer beim Diebstahl filmte. Das Bundesarbeitsgericht stellte fest, dass Eingriffe in das Recht der Arbeitnehmer am eigenen Bild durch verdeckte Videoüberwachung zulässig sind, wenn der konkrete Verdacht einer strafbaren Handlung oder einer anderen schweren Verfehlung zulasten des Arbeitgebers besteht, weniger einschneidende Mittel zur Aufklärung des Verdachts ergebnislos ausgeschöpft sind und die Überwachung insgesamt nicht unverhältnismäßig ist. Bei Arbeitnehmern, die sich unter Verletzung eines Zutrittsverbots in einem überwachten Bereich aufhalten, ist das schützenswerte Interesse, nicht von einer verdeckten Videoüberwachung erfasst zu werden, erheblich gemindert (BAG, Urteil vom 20.10.2016; Az.: 2 AZR 395/15).

Auch die Pflichten des Arbeitgebers teilen sich in „Haupt- und Nebenpflichten".

Neben „Arbeit geben" ist die wichtigste Hauptpflicht des Arbeitgebers die Entgeltzahlung. Eine wichtige Nebenpflicht ist das Thema Arbeitsschutz und Arbeitssicherheit (s. u. Kapitel 12).

Zu den Nebenpflichten des Arbeitgebers gehört neben dem Arbeitsschutz (siehe unten Kapitel 12) auch die Gleichbehandlung der Arbeitnehmer nach dem Allgemeinen Gleichbehandlungsgesetz (AGG). Soweit notwendig hat er die entsprechenden Maßnahmen zu ergreifen, § 12 AGG.

Nach § 1 AGG ist das Ziel des Gesetzes, Benachteiligungen aus Gründen der Rasse oder wegen der ethnischen Herkunft, des Geschlechts, der Religion oder Weltanschauung, einer Behinderung, des Alters oder der sexuellen Identität zu verhindern oder zu beseitigen. Entsprechend ist nach § 7 AGG eine Benachteiligung aus diesen Gründen verboten, beispielsweise bei einer Ausschreibung, § 11 AGG. Eine unterschiedliche Behandlung wegen einer der in § 1 AGG genannten Gründe ist jedoch zulässig, wenn dies wegen der Art der auszuübenden Tätigkeit eine wesentliche und entscheidende Anforderung darstellt, § 8 AGG.

 Ein Krankenhaus, dessen Träger die evangelische Kirche ist, kann gezielt in einer Stellenausschreibung nach einem evangelischen Seelsorger suchen.

Kommt es trotzdem zu einer Benachteiligung, so hat der Betroffene ein Beschwerderecht, § 13 AGG. Gegebenenfalls kann der Benachteiligte dann auch Schadensersatz vom Arbeitgeber fordern, § 15 AGG. Eine Klage auf Entschädigung nach § 15 AGG muss vom Betroffenen aber innerhalb von drei Monaten nachdem der Anspruch schriftlich geltend gemacht wurde, erhoben werden, § 61b ArbGG.

Neben dem AGG ist auch das Entgelttransparenzgesetz (EntgTranspG) zu beachten, das zum 30. Juni 2017 in Kraft getreten ist. Danach ist es verboten, Arbeitnehmern nur wegen unterschiedlichen Geschlechts bei gleicher oder gleichwertiger Tätigkeit ein unterschiedlich hohes Entgelt zu bezahlen, § 3 (1) EntgTranspG.

6.3. Entgeltzahlung

Die Höhe des zu zahlenden Lohnes richtet sich bundesweit nach den jeweils gültigen Tarifverträgen, da zwischenzeitlich alle Tarifverträge für allgemeinverbindlich erklärt wurde. Das bedeutet, jedes Sicherheitsunternehmen, das Sicherheitspersonal mit Bewachungstätigkeiten im Sinne des § 34a GewO beschäftigt, muss seine Arbeitnehmer nach Tariflohn (inklusive Zuschläge für Nacht-, Sonn- und Feiertagsarbeit!) bezahlen. Eine Bezahlung nach dem Mindestlohn ist nicht mehr möglich. Dabei ist immer der Tarifvertrag anwendbar, der an dem Ort gilt, an dem die Tätigkeit durch den Arbeitnehmer ausgeführt wird.

 Ist der Sitz des Sicherheitsunternehmens in Erfurt (Thüringen) und das zu bewachende Objekt in Frankfurt am Main (Hessen), ist der Arbeitnehmer nach dem hessischen Tariflohn zu entlohnen.

Dasselbe gilt für Zuschläge (Nacht, Sonntag, Feiertag). Auch diese sind zu bezahlen, natürlich auch an Teilzeit- oder 450-€-Kräfte.

6.4.   Entgeltfortzahlung im Krankheitsfall

Bei der Entgeltzahlung gilt der Grundsatz: Ohne Arbeit kein Entgelt.

Von diesem Grundsatz gibt es aber mehrere Ausnahmen:

Zum einen ist hier das Thema Urlaub zu nennen, welches oben unter 5. behandelt wurde.

Eine weitere Ausnahme vom Grundsatz „Ohne Arbeit kein Lohn" ist die Entgeltfortzahlung im Krankheitsfall nach dem Entgeltfortzahlungsgesetz (EntgFZG).

Ein Anspruch auf Entgeltfortzahlung durch den Arbeitgeber ist bis zu sechs Wochen gegeben, wenn das Arbeitsverhältnis vier Wochen ununterbrochen bestand, § 3 EntgFZG.

Ein Arbeitnehmer wird drei Wochen nach Abschluss des Arbeitsvertrages für vier Wochen krank. Wie lange muss der Arbeitgeber Entgelt fortzahlen?

Ergebnis:
Die erste nicht, die restlichen drei Wochen ja. In diesem Fall würde die erste Woche anteilig von der Krankenkasse des Arbeitnehmers übernommen werden.

Der Anspruch entsteht jedoch nur, wenn den Arbeitnehmer kein Verschulden trifft. Das ist bei Vorsatz immer, bei grober Fahrlässigkeit meistens der Fall.

Eine Arbeitsunfähigkeit auf Grund eines Unfalls beim Motorradfahren ohne Helm auf der Autobahn.

Der Arbeitnehmer muss dem Arbeitgeber die Arbeitsunfähigkeit und deren voraussichtliche Dauer mitteilen. Bei einer Arbeitsunfähigkeit von mehr als drei Tagen muss der Arbeitnehmer spätestens am darauffolgenden Tag eine AU-Bescheinigung vorlegen, § 5 (1) EntgFZG. Geschieht dies nicht, kann der Arbeitgeber die Fortzahlung des Entgeltes solange verweigern, bis die AU-Bescheinigung vorliegt, § 7 EntgFZG. Der Arbeitgeber kann aber auch schon ab dem ersten Tag eine AU-Bescheinigung verlangen.

Beides hat Vor- und Nachteile. Wird eine AU-Bescheinigung erst nach drei Tagen verlangt, könnten Arbeitnehmer auf die Idee kommen, mal einen Tag „krank zu machen", ohne die Krankheit ärztlich bestätigen zu lassen. Verlangt man aber ab dem ersten Tag eine AU-Bescheinigung, könnte es sein, dass ein Arzt einen Arbeitnehmer, der sonst nur einen Tag krank gewesen wäre, gleich für eine ganze Woche krankschreibt.

Die Pflichten des Arbeitnehmers bei einer Arbeitsunfähigkeit im Rahmen eines Auslandsaufenthaltes ergeben sich aus § 5 (2) EntgFZG, nämlich eine unverzügliche Informationspflicht des Arbeitgebers und der gesetzlichen Krankenkasse, wenn er bei einer solchen Mitglied ist.

Wird die Arbeitsunfähigkeit eines Arbeitnehmers durch einen Dritten verursacht, so geht der Anspruch auf den Arbeitgeber ganz oder teilweise über, § 6 EntgFZG.

 Ein Arbeitnehmer wird auf dem Arbeitsweg von einem unvorsichtigen Autofahrer mit dem Auto angefahren. Das Gericht stellt fest, dass der Autofahrer am Unfall zu 80 % schuld ist.

Ergebnis:
Der Arbeitgeber kann vom Autofahrer (bzw. dessen Haftpflichtversicherung) 80 % der bezahlten Entgeltfortzahlung verlangen, die restlichen 20 % muss er selbst tragen.

Die Entgeltfortzahlung nach den sechs Wochen richtet sich nach dem Grund der Arbeitsunfähigkeit.

Liegt ein Arbeits- oder Wegeunfall vor, erhält der Arbeitnehmer Leistungen der gesetzlichen Unfallversicherung, ansonsten von der Krankenkasse.

Viele Unternehmen haben durch Entgeltfortzahlung hohe Kosten, die es zu reduzieren gilt. Nach längerer Fehlzeit wegen Krankheit oder Arbeitsunfall sollte daher ein Krankenrückkehrgespräch geführt werden. Dies dient zum einem dazu, die Gründe für die Fehlzeit zu erkennen, um so nach Möglichkeit zukünftigen Fehlzeiten vorzubeugen.

Das ist natürlich insbesondere dann sinnvoll, wenn sich herausstellt, dass die Gründe im Unternehmen liegen wie Mobbing, Überforderung, eintönige Arbeit, keine Aufstiegschancen, schlechte Bezahlung o. ä.

Zudem soll so die Integration des Rückkehrers erleichtert werden, um ihn möglichst schnell wieder an das Arbeitsniveau heranzuführen, das er vor der Abwesenheit hatte.

6.5. Entgeltzahlung bei Nicht- bzw. Schlechtleistung des Arbeitnehmers

Zunächst ist hier zu klären, wann der Arbeitgeber das Entgelt bezahlen muss trotz einer „Nichtleistung" des Arbeitnehmers, also wenn der Arbeitnehmer seine Tätigkeit nicht ausübt. Dabei wird unterschieden, ob der Grund der Nichtleistung in der Sphäre des Arbeitgebers oder des Arbeitnehmers liegt.

Liegt der Grund für die Unmöglichkeit der Arbeitsleistung beim Arbeitnehmer, erhält er kein Entgelt, muss aber auch nicht „nacharbeiten".

 Ein Arbeitnehmer kommt eine Stunde zu spät zur Arbeit, da die Busfahrer streiken.

Ergebnis:
Der Arbeitnehmer bekommt für die entgangene Stunde kein Entgelt, da ein so genanntes „allgemeines Lebensrisiko" vorliegt.

Liegt der Grund für die Unmöglichkeit der Arbeitsleistung dagegen beim Arbeitgeber, erhält der Arbeitnehmer sein Entgelt auch ohne Arbeit, da sich der Arbeitgeber im sogenannten Annahmeverzug befindet, § 615 BGB.

 Der Arbeitgeber verschläft selbst und sperrt die Firma erst 30 Minuten nach Arbeitsbeginn auf.

Ergebnis:
Die Arbeitnehmer erhalten für die 30 Minuten Entgelt, obwohl sie nicht gearbeitet haben.

Ein weiterer Punkt ist das Thema „Schlechtleistung des Arbeitnehmers".

Hier kann der Arbeitgeber jedoch nicht das Entgelt ganz oder teilweise einbehalten, sondern hat nur die Möglichkeiten den Arbeitnehmer zu ermahnen, abzumahnen und im Extremfall zu kündigen.

 Ein Sicherheitsmitarbeiter vergisst bei seinem Rundgang regelmäßig mehrere Stechstellen anzulaufen.

6.6. Schadensersatzansprüche des Arbeitgebers gegen den Arbeitnehmer

Verursacht der Arbeitnehmer beim Arbeitgeber einen Schaden, so kann es zu Schadenersatzansprüchen des Arbeitgebers gegen den Arbeitnehmer kommen. Ob und wenn ja in welchem Umfang es zu einer Haftung des Arbeitnehmers kommt, richtet sich nach dessen Verschulden. Der Arbeitnehmer muss natürlich bei Vorsatz Schadensersatz leisten, bei „grober Fahrlässigkeit" aber wohl nur noch anteilig.

Bei „normaler" Fahrlässigkeit besteht im Normalfall schon keine Ersatzpflicht mehr. In jedem Fall muss der Arbeitgeber das Verschulden nachweisen.

 Weil er an einem Türgriff mit dem Arm hängen bleibt, fällt einem Arbeitnehmer das Diensthandy aus der Hand auf den Boden und ist danach unbrauchbar.

Ergebnis:
Hier wird wohl „normale" Fahrlässigkeit vorliegen, der Arbeitgeber kann keinen Schadensersatz verlangen.

7. Dienstplanung

Monatlich gilt es in der Dienstplanung der Sicherheitsmitarbeiter für die zu besetzenden Stellen folgende Aspekte zu berücksichtigen:

* Qualifikation des Mitarbeiters (z. B. möchte Kunde X nur geprüfte Schutz- und Sicherheitskräfte)
* Maximale Arbeitszeiten (nach Vertrag/Gesetz)
* Gesetzliche Ruhepausen
* In welches Objekt ist der Sicherheitsmitarbeiter eingewiesen?
* Eingereichte und genehmigte Urlaubsanträge

Neben diesen (mehr oder minder) planbaren Kriterien kommen gegebenenfalls noch unplanbare dazu wie Krankheiten von Arbeitnehmern oder „plötzlicher" Zusatzbedarf an Bewachungspersonal des Kunden.

Daher sind jetzt Fragen wie die folgenden zu klären:

* Können Sicherheitsmitarbeiter zu Zusatzschichten verpflichtet werden?
* Kann man einen Sicherheitsmitarbeiter, der im Objekt A eingeplant ist ohne Weiteres wegen eines Personalproblems in Objekt B beordern?
* Kann ein Sicherheitsmitarbeiter verpflichtet werden, über sein Dienstende hinaus im Objekt zu bleiben, wenn die Ablösung nicht erscheint?

Entscheidend, dafür ob und wenn ja, wie das erlaubt ist, hängt zum einen mit dem Direktionsrecht des Arbeitgebers zusammen und zum anderen mit dem vertraglich Vereinbarten.

7.1. Das Direktionsrecht

Das Direktionsrecht, auch Leistungsbestimmungsrecht genannt, berechtigt den Arbeitgeber die Tätigkeit des Arbeitnehmers hinsichtlich Zeit, Ort und Inhalt zu bestimmen. Er kann also festlegen, ob der Arbeitnehmer nachts, untertags, werktags oder am Wochenende arbeiten soll (Zeit), ob er im Objekt A oder B eingesetzt wird (Ort) und was dort konkret zu tun ist (Tätigkeit/Dienstanweisung).

Das Direktionsrecht kann durch Regelungen im Arbeitsvertrag eingeschränkt sein oder durch eine unangemessene Ausübung. Das liegt z. B. vor, wenn ein Arbeitnehmer in ein Objekt versetzt werden soll, welches 80 km weiter entfernt ist als die bisherige Arbeitsstelle. Ob und wann die Ausübung des Direktionsrechts nicht dem „billigen Ermessen" entspricht, kommt auf den Einzelfall an und muss nicht selten gerichtlich geklärt werden.

 Nach einem Urteil des Bundesarbeitsgerichts (BAG, Urteil vom 18.10.2017, Az.: 10 AZR 330/16) muss ein Arbeitnehmer einer Weisung nicht (auch nicht vorläufig) Folge leisten, wenn Zweifel an der Rechtmäßigkeit bestehen. Da aber nur ein Arbeitsgericht entscheiden kann, ob eine Weisung „billig" oder „unbillig" war, wäre eine Arbeitsverweigerung bis zu einer Entscheidung des Gerichts für den Arbeitnehmer mit einem hohen Risiko verbunden.

Vom Direktionsrecht kann auch „Überarbeit" und „Mehrarbeit" umfasst sein. Der Unterschied zwischen beiden liegt darin, dass bei der Überarbeit ohne Freizeitausgleich über die vertraglich vereinbarte Stundenzahl hinaus gearbeitet werden muss. Bei der Mehrarbeit erfolgt ein solcher Ausgleich. Der Arbeitgeber kann beides anordnen, wenn es sich um einen Notfall handelt.

 Die Ablösung erscheint nicht rechtzeitig, weil sie im Stau auf der gesperrten Autobahn steht. Hier muss der Sicherheitsmitarbeiter, dessen Schicht zu Ende ist, auf Grund seiner Treuepflicht bleiben, bis eine andere Lösung gefunden ist, egal ob er festangestellter Arbeitnehmer ist oder nur auf 450-€-Basis tätig ist.

7.2. Dienstplanänderungen

Das Direktionsrecht gilt auch bei (notwendigen) Dienstplanänderung. Grundsätzlich sollte ein monatlich erstellter Dienstplan nicht einseitig geändert, sondern der Sicherheitsmitarbeiter mit einbezogen werden. Ist jedoch keine Einigung zu finden, kann der Arbeitgeber die Dienstplanänderung anweisen, wenn sein Planungsinteresse das Freizeitinteresse des Mitarbeiters überwiegt.

 Sicherheitsmitarbeiter Meyer fällt wegen eines Beinbruchs mehrere Wochen aus. Sicherheitsmitarbeiter Müller (vollzeitbeschäftigt) soll daher in zwei Tagen eine Nachtschicht zusätzlich übernehmen. Müller weigert sich mit der Begründung, dass er an diesem Abend endlich mal wieder ins Kino wolle. Hier kann der Arbeitgeber die Übernahme des Dienstes anweisen, da sein Planungsinteresse das Freizeitinteresse des Mitarbeiters überwiegt.

Eingeschränkt kann das Direktionsrecht jedoch bei Teilzeit- und 450-€-Kräften sein.

 Der Sicherheitsmitarbeiter, der in Vollzeit in einer anderen Branche arbeitet, und der auf 450-€-Basis samstags bei Fußballspielen im Veranstaltungsschutz eingesetzt wird, kann im Rahmen des Direktionsrechts nicht angewiesen werden, zukünftig dienstags von 08:00 bis 12:00 Uhr zu arbeiten.

7.3. Vertragliche Vereinbarungen

Zu beachten sind aber auch vertragliche Vereinbarungen.

 Wenn ein Sicherheitsmitarbeiter als „Fachkraft für Schutz und Sicherheit" mit entsprechendem Tariflohn fest für das Objekt A als Objektleiter eingestellt wird, kann er nicht ohne Weiteres in das Objekt B als Streifengänger mit einem deutlich niedrigeren Stundenlohn versetzt werden.

 Anders sieht es beispielsweise aus, wenn die Versetzung aus gesundheitlichen Gründen erfolgt, so hat das Bundesarbeitsgericht in einem Fall entschieden. Konkret ging es um einen Arbeitnehmer, der über mehrere Jahre in der Nachtschicht tätig war. Für diese Tätigkeit erhielt er entsprechende Zuschläge. Nachdem der Arbeitnehmer wiederholt für längere Zeit erkrankt war, versetzte ihn der Arbeitgeber in eine Wechselschicht, bei der es die entsprechenden Zuschläge aber nicht mehr gab (BAG, Urteil vom 18.10.2017 – 10 AZR 47/17).

 Im Arbeitsvertrag sollte daher nach Möglichkeit nicht eine bestimmte Stelle bei einem bestimmten Kunden genannt, sondern der Passus eingefügt werden, dass bei gleicher Bezahlung auch ein Einsatz in anderen vergleichbaren Tätigkeiten möglich ist.

8. Beendigung von Arbeitsverhältnissen

Ein wichtiges Thema, das in allen Sicherheitsunternehmen immer wieder eine Rolle spielen wird, ist das Thema „Beendigung von Arbeitsverhältnissen".

Die relevanten Möglichkeiten der Beendigung sind:

- Kündigung (ordentlich/außerordentlich)
- Anfechtung (vgl. Kapitel 2.1)
- Aufhebungsvertrag
- Befristung/Zweckerreichung (vgl. Kapitel 3)
- Erreichen des Rentenalters
- Tod des Arbeitnehmers

8.1. Ordentliche und außerordentliche Kündigung

Eine Kündigung ist eine so genannte einseitige Willenserklärung, das heißt sie wird auch dann wirksam, wenn die Gegenseite nicht zustimmt.

Zu ihrer Wirksamkeit muss die Kündigung dem anderen Vertragspartner jedoch zugehen, was bedeutet, dass sie in seinen Wirkungskreis gelangen muss, § 130 (1) BGB.

Wird eine Kündigung als normaler Brief mit der Post versandt, liegt kein Beweis für einen Zugang vor. Die Kündigung sollte daher entweder persönlich gegen Empfangsbescheinigung ausgehändigt werden, durch einen Mitarbeiter als Zeugen in den Briefkasten des Betroffenen eingeworfen werden oder als „Einwurfeinschreiben" versandt werden. Ein „normales" Einschreiben ist ungeeignet, da die Kündigung nicht zugeht, wenn der Betroffene diese nicht annimmt oder bei der Post nicht abholt.

Zudem geht sie erst dann zeitlich zu, wenn mit einer Kenntnisnahme gerechnet werden kann.

Arbeitnehmer Knappdran wirft an einem Sonntagabend um 22:00 Uhr seine Kündigung in den Briefkasten der Sicher & Wach GmbH, um die Kündigungsfrist zu wahren.

Ergebnis:
Die Kündigung geht erst am Montag zu, da sonntags abends nicht mit einer Leerung des Briefkastens gerechnet werden kann.

Des Weiteren **muss** die Kündigung schriftlich erfolgen. Kündigungen per E-Mail, SMS, WhatsApp, Facebook o. ä. sind unzulässig, § 623 BGB.

 Außerdem ist der Arbeitnehmer in einer Kündigung seitens des Arbeitsgebers darauf hinzuweisen, dass er sich bei der zuständigen Arbeitsagentur innerhalb von drei Tagen arbeitssuchend melden muss, § 38 SGB III.

Ordentliche Kündigung

Für eine ordentliche Kündigung ist grundsätzlich kein Grund notwendig, § 620 BGB.

Zu beachten sind lediglich die Kündigungsfristen. Diese sind generell vier Wochen zum 15. oder zum Monatsende. Ist der Arbeitnehmer zwei oder mehr Jahre beschäftigt, gelten für den Arbeitgeber längere Fristen, vgl. § 622 BGB.

Ausnahme:
In der Probezeit (längstens sechs Monate) kann das Arbeitsverhältnis mit einer Frist von zwei Wochen gekündigt werden, § 622 (3) BGB. In vielen Tarifverträgen sind sogar teils deutlich kürzere Fristen festgelegt.

Kommt jedoch das Kündigungsschutzgesetz (KSchG) zur Anwendung ist es für den Arbeitgeber deutlich schwerer, einem Arbeitnehmer zu kündigen.

Damit das Kündigungsschutzgesetz anwendbar ist, müssen folgende Voraussetzungen gegeben sein, §§ 1, 23 KSchG:

*   Der Arbeitnehmer ist länger als sechs Monate beschäftigt.
*   Es werden im Betrieb regelmäßig mehr als fünf Arbeitnehmer beschäftigt, wenn der Arbeitnehmer schon vor dem 01.01.2004 beschäftigt war.
*   Es werden im Betrieb regelmäßig mehr als zehn Arbeitnehmer beschäftigt, wenn der Arbeitnehmer ab dem 01.01.2004 beschäftigt war.
*   Auszubildende werden nicht mitgezählt, um zu verhindern, dass wegen des Kündigungsschutzgesetzes nicht ausgebildet wird.

Sind diese Voraussetzungen gegeben und damit das Kündigungsschutzgesetz anwendbar, muss auch eine ordentliche Kündigung seitens des Arbeitgebers begründet werden, da sie sonst „sozial ungerechtfertigt" und damit unwirksam ist.

In diesem Fall kommen drei Arten von Kündigungsgründen in Betracht:

- Betriebsbedingt
- Verhaltensbedingt
- Personenbedingt

Bei der **betriebsbedingten** Kündigung sind betriebliche Gründe ausschlaggebend, beispielsweise der Verlust eines Kunden und der damit verbundene Stellenabbau.

Der Arbeitgeber muss dann eine **Sozialauswahl** treffen, in der er folgende Aspekte der potentiell zu kündigenden Arbeitnehmer zu berücksichtigen und zu vergleichen hat, § 1(3) KSchG:

- Betriebszugehörigkeit
- Alter
- Unterhaltspflichten
- Schwerbehinderung

Die Kündigung muss dann dem Arbeitnehmer gegenüber erfolgen, der auf Grund dieser Sozialauswahl am wenigsten schützenswert ist.

Wegen Arbeitsmangels muss ein Mitarbeiter entlassen werden.

Zur Auswahl stehen:
- Mitarbeiter Anders, 28 Jahre, ledig, seit 3 Jahren im Betrieb
- Mitarbeiter Bein, 47 Jahre, ledig, schwerbehindert, seit 12 Jahren im Betrieb
- Mitarbeiter Corizo, 39 Jahre, verheiratet, 3 Kinder, seit 7 Jahren im Betrieb

Lösung:
Es ist dem Mitarbeiter Anders zu kündigen.

8 Beendigung von Arbeitsverhältnissen

 Müssen mehrere Mitarbeiter auf einmal betriebsbedingt gekündigt werden, kann von dieser strikten Vorgabe abgewichen werden, da sonst (übertrieben ausgedrückt) nur alte und kranke Mitarbeiter im Unternehmen übrigbleiben würden. Der Arbeitgeber darf dann hier auf eine „gesunde" Altersstruktur im Unternehmen achten.

Bei der **verhaltensbedingten** Kündigung liegt der Kündigungsgrund im Verhalten des Arbeitnehmers.

 Wiederholtes Zuspätkommen oder Beleidigung eines Vorgesetzten.

Bevor eine ordentliche, verhaltensbedingte Kündigung ausgesprochen werden darf, sind eine oder mehrere **Abmahnungen** notwendig.

Nur bei extremen Verstößen, beispielsweise ein Vorgesetzter wird tätlich angegriffen, kann eine außerordentliche Kündigung ausgesprochen werden, zu der keine Abmahnung notwendig ist.

Die Abmahnung sollte aus Beweiszwecken unbedingt schriftlich sein, einen konkreten Sachverhalt benennen (Dokumentationsfunktion), ausdrücken, dass dieses Verhalten nicht mehr geduldet wird (Hinweisfunktion) und darauf hinweisen, dass im Wiederholungsfall mit arbeitsrechtlichen Maßnahmen wie einer Kündigung zu rechnen ist (Warnfunktion).

 Es muss sich bei dem abgemahnten Verhalten und dem, das dann zu einer Kündigung führt, um einen gleichartigen Verstoß handeln.

 Arbeitnehmer B. Quem wurde einmal abgemahnt wegen Schlechtleistung, ein anderes Mal wegen eines Verstoßes gegen die Unfallverhütungsvorschriften und ein drittes Mal wegen ungebührlichen Verhaltens gegenüber einem Vorgesetzten. Als er heute eine Stunde zu spät zur Arbeit erscheint, will ihn der Personalchef Streng kündigen.

Ergebnis:
Es ist keine rechtswirksame Kündigung möglich, da diese Art von Fehlverhalten noch nicht abgemahnt wurde.

Beispiel für eine Abmahnung

Ort, Datum

Adressat

Abmahnung

Am 2. April 2018 sind Sie zum wiederholten Male unentschuldigt nicht zur Arbeit erschienen.

Wir werden ein solches Verhalten in Zukunft nicht mehr dulden und fordern Sie auf, zukünftig ein solches Verhalten zu unterlassen und regelmäßig zur Arbeit zu erscheinen bzw. sich im Verhinderungsfall ordnungsgemäß zu entschuldigen.

Sollte es nochmals zu einem solchen Vorfall kommen, sehen wir uns gezwungen weitere arbeitsrechtliche Maßnahmen bis zur Kündigung zu ergreifen.

Unterschrift   Arbeitgeber/Arbeitgebervertreter

Auch wenn mehrere gleichartige Fehlverhalten abgemahnt wurden, muss ein „zeitlicher Zusammenhang" vorliegen, damit rechtmäßig gekündigt werden kann. Wenn ein Arbeitnehmer im Zeitraum von fünf Jahren dreimal zu spät zur Arbeit kommt, wird das sicher nicht ausreichen.

Die dritte Art ist die **personenbedingte** Kündigung. Hier liegt der Kündigungsgrund in der Person, nicht in ihrem Verhalten.

 Arbeitnehmer Blau, der bei der Sicher & Wach GmbH als Streifenfahrer beschäftigt ist, verliert wegen einer Trunkenheitsfahrt mit seinem privaten Auto den Führerschein (Entzug der Fahrerlaubnis).

Ergebnis:
Ihm gegenüber kann eine personenbedingte Kündigung ausgesprochen werden, da er nun seine Tätigkeit als Streifenfahrer aus Gründen nicht

mehr ausüben kann, die in seiner Person (nicht im Besitz einer gültigen Fahrerlaubnis) liegen. Eine zusätzliche Voraussetzung ist allerdings, dass es im Betrieb keine andere geeignete Tätigkeit für Arbeitnehmer Blau gibt, die er auch ohne Führerschein ausüben kann.

Auch Krankheit kann ein Grund für eine personenbedingte Kündigung sein. Hier ist vor einer Kündigung nach der so genannten „Drei-Stufen-Theorie" vorzugehen.

Es muss eine **negative Zukunftsprognose** (1. Stufe) vorliegen, ob und wenn ja wann der Arbeitnehmer wieder einsatzfähig ist. Dabei ist der Arbeitnehmer verpflichtet, ein aussagekräftiges ärztliches Attest zu beschaffen bzw. für eine entsprechende Untersuchung zur Verfügung zu stehen. Zudem ist zu überprüfen, ob die Krankheit des Arbeitnehmers und sein damit verbundenes Fehlen am Arbeitsplatz zur **Beeinträchtigung betrieblicher Interessen** (2. Stufe) führt. Letztlich ist eine **Interessenabwägung** (3. Stufe) durchzuführen, ob die Interessen des Arbeitnehmers am Erhalt seines Arbeitsplatzes oder die Interessen des Arbeitgebers bezüglich einer gewissen Planungssicherheit überwiegen.

Nach einem Autounfall ist der Arbeitnehmer Diensttreu schon seit 12 Monaten krankgeschrieben. In einem Arztattest, das er seinem Arbeitgeber vorlegt, steht, dass es nicht sicher ist, ob Diensttreu überhaupt je wieder arbeiten kann.

Ergebnis:
In diesem Fall dürfte der Arbeitgeber grundsätzlich gute Chancen haben, dass eine ordentliche personenbedingte Kündigung auch vor dem Arbeitsgericht Bestand hat.

Regelmäßige Kurzerkrankungen wegen verschiedener Krankheiten berechtigen grundsätzlich nicht zu einer Kündigung seitens des Arbeitgebers. Auch hier ist nach der Drei-Stufen-Theorie vorzugehen, doch schon die negative Zukunftsprognose dürfte sehr schwer zu begründen sein.

Eine Variante der ordentlichen Kündigung ist die **Änderungskündigung**. In diesem Fall wird dem Arbeitnehmer das Arbeitsverhältnis gekündigt und ein Fortbestand unter geänderten Bedingungen angeboten.

Der Arbeitgeber Geldknapp kündigt dem Arbeitnehmer Meister gegenüber den bestehenden Arbeitsvertrag, wonach dieser im Objekt Altstadt für 12,50 €/h arbeitet. Gleichzeitig bietet er ihm den Fortbestand des Arbeitsverhältnisses zu folgenden Bedingungen an: 11,50 €/h im Objekt Neustadt.

Außerordentliche Kündigung

Eine außerordentliche oder auch fristlose Kündigung kann jederzeit aus wichtigem Grund erfolgen. Ein wichtiger Grund liegt vor, wenn es dem Kündigenden nicht zumutbar ist, die ordentliche Kündigungsfrist abzuwarten, § 626 (1) BGB.

 Prokurist B. Träger stiehlt aus der Kasse seines Arbeitgebers 1.000,00 €.

Die Kündigung kann nur innerhalb von zwei Wochen erfolgen, § 626 (2) BGB und muss dem Gekündigten auch innerhalb dieser Frist zugehen.

Weitere Gründe für eine außerordentliche Kündigung können u. a. sein:

- Ausländerfeindliche/rechtsradikale Äußerungen
- Körperliche oder massive verbale Angriffe auf Kollegen, Vorgesetzte oder Kunden
- Geschäftsschädigendes Verhalten wie Akquise für Konkurrenzunternehmen bei Kunden des Arbeitgebers

 Es empfiehlt sich in der außerordentlichen Kündigung den konkreten Kündigungsgrund zu nennen, da der Kündigungsgrund nach § 626 (2) BGB dem anderen auf Verlangen sowieso schriftlich mitzuteilen ist. Formulierungen wie außerordentliche Kündigung „wegen wiederholter schwerer Verstöße gegen das Arbeitsverhältnis" reichen nicht aus.

 Soll eine außerordentliche Kündigung ausgesprochen werden, so sollte immer gleichzeitig zusätzlich „hilfsweise ordentlich" gekündigt werden. Hält nämlich ein Arbeitsgericht im Rahmen einer Kündigungsschutzklage die außerordentliche Kündigung für unwirksam, steht dann zumindest noch die ordentliche im Raum.

Zwei Varianten mit geringerer Relevanz sind zum einem die Verdachtskündigung, die bei dringendem Tatverdacht ausgesprochen werden kann und die Druckkündigung, bei der auf Druck der anderen Arbeitnehmer die Kündigung erfolgt.

Verdachtskündigung:
Im Kundenobjekt wurde während des Wochenendes ein wertvoller Computer entwendet. Da nur die Sicherheitsmitarbeiter Bonnie und Kleid Dienst hatten und sonst niemand im Gebäude war, muss einer von beiden der Täter sein.

Ergebnis:
In diesem Fall kann der Arbeitgeber gegebenenfalls beiden Arbeitnehmern kündigen, da es nicht zumutbar ist, dass er einen Dieb weiter beschäftigt, auch wenn dadurch ein Unschuldiger seine Arbeit verliert.

Druckkündigung:
Die Mitarbeiter Anton, Berner, Carlson, Denner, Ernst und Friedrich kommen gemeinsam zum Arbeitgeber mit folgender Forderung. Entweder der Arbeitgeber entlässt den Arbeitnehmer Xantippe oder alle sechs kündigen. Xantippe würde sie nämlich regelmäßig anschreien, bedrohen und sei dienstlich zu keinerlei Ansprachen bereit.

Ergebnis:
Hier kann eine Kündigung von Xantippe berechtigt sein, da der Arbeitgeber sonst sechs Mitarbeiter auf einmal verliert.

In beiden Fällen muss der Arbeitgeber aber im Rahmen seiner Fürsorgepflicht handeln und darf den/die Betroffenen nicht ohne ausreichende Frist für eine Anhörung und Abwägung der Interessen kündigen.

Für bestimmten Personengruppen gelten Sondervorschriften, welche bei jeder Kündigung zu beachten sind. Dies sind im Einzelnen:

Frauen im Mutterschutz, § 17 MuSchG:
Eine Kündigung darf nur nach vorheriger Zustimmung des **Integrationsamts** erfolgen, § 17 (2) MuSchG. Dabei darf der Kündigungsgrund (natürlich) nichts mit der Schwangerschaft zu tun haben. Stimmt das Integrationsamt nicht zu, muss zunächst dieses auf Zustimmung verklagt werden.

Schwerbehinderte:
Eine Kündigung darf auch hier nur nach vorheriger Zustimmung des Integrationsamts erfolgen, § 85 SGB IX. § 90 SGB IX beinhaltet davon einige Ausnahmen, von denen die wichtigste die ist, dass dieser spezielle Kündigungsschutz für Schwerbehinderte erst eingreift, wenn er mehr als sechs Monate beschäftigt wurde.

Auszubildende:
Nach § 22 BBiG können Auszubildende nach der Probezeit vom Ausbildenden nur aus wichtigem Grund außerordentlich gekündigt werden. Eine ordentliche Kündigung seitens des Ausbildenden ist ausgeschlossen.

Betriebsräte, Jugend- und Auszubildendenvertreter:
Nach § 15 KSchG, § 103 BetrVG darf der Arbeitgeber Betriebsräte sowie Jugend- und Auszubildendenvertreter nur aus wichtigem Grund kündigen und auch nur dann, wenn der Betriebsrat vorher zugestimmt hat.

 Alle vier Personengruppen (Schwangere, Auszubildende, Schwerbehinderte, Betriebsräte) haben einen **Kündigungsschutz**, aber keinen Befristungs- oder Anfechtungsschutz. Das bedeutet, dass Arbeitsverträge mit diesen Personengruppen „normal" angefochten werden können bzw. bei Befristung „normal" enden.

Mitbestimmung seitens des Betriebsrats bei Kündigungen

Vor **jeder** Kündigung ist der Betriebsrat (soweit vorhanden) zu hören, § 102 BetrVG, sonst ist die Kündigung unwirksam. Hat der Betriebsrat gegen eine ordentliche Kündigung Bedenken, so muss er dies dem Arbeitgeber innerhalb einer Woche (außerordentliche Kündigung: drei Tage) mitteilen. Hat er sich nicht geäußert, gilt die Kündigung als genehmigt. Der außerordentlichen Kündigung von Betriebsratsmitgliedern, Jugend- und Auszubildendenvertretern o. ä. muss der Betriebsrat, wie gerade ausgeführt, zustimmen, § 103 BetrVG.

Möglichkeiten des Arbeitnehmers gegen die Kündigung

Die sinnvollste Möglichkeit des Arbeitnehmers gegen eine Kündigung durch den Arbeitgeber ist die Kündigungsschutzklage beim zuständigen Arbeitsgericht, § 4 KSchG. Dabei ist die Drei-Wochen-Frist ab Zugang zu beachten. Wird die Klage danach eingereicht, ist sie verspätet und damit die Kündigung wirksam, § 7 KSchG.

Eine weitere Möglichkeit ist der Kündigungseinspruch beim Betriebsrat, § 3 KSchG. Dabei ist jedoch zu beachten, dass dies die Kündigungsschutzklage nicht ersetzt. Das heißt, wenn diese nicht zusätzlich innerhalb von drei Wochen erhoben wird, ist die Kündigung wirksam.

Bei betriebsbedingter Kündigung hat der Arbeitnehmer einen Anspruch auf Abfindung mit Ablauf der Kündigungsfrist. Die Höhe beträgt 0,5 Bruttomonatsgehälter pro Beschäftigungsjahr, § 1a KSchG.

8.2. Aufhebungsvertrag

Bei einem Aufhebungsvertrag wird das Arbeitsverhältnis nicht einseitig, sondern im beiderseitigen Einvernehmen beendet. Das bedeutet, die Vertragsparteien müssen sich über den Inhalt einig sein. Den Arbeitnehmer zu einem Aufhebungsvertrag zu bewegen, ist vor allem in den Fällen einfacher, in denen sonst eine fristlose Kündigung droht, beispielsweise wegen einer Straftat gegen den Arbeitgeber. Es sollte jedoch nicht zu viel Druck aufgebaut werden, da dies sonst als Nötigung, § 240 StGB, gewertet werden könnte.

 In einem Aufhebungsvertrag kann auf einen Urlaubsabgeltungsanspruch verzichtet werden, wenn die Ansprüche bereits entstanden sind und das Arbeitsverhältnis schon beendet ist (LAG Berlin-Brandenburg, Urteil vom 19. Februar 2016; Az.: 8 Sa 1923/15).

Abwicklungsvertrag

Vom Aufhebungsvertrag unterscheidet sich der Abwicklungsvertrag dadurch, dass durch ihn das Arbeitsverhältnis nicht beendet wird. Er regelt nur die Folgen der Beendigung (z. B. Abfindung, Urlaubsansprüche, Entgeltfortzahlung, Freistellung etc.) und kann daher auch im Anschluss an Kündigungen vereinbart werden.

8.3. Art und Inhalt eines einfachen und eines qualifizierten Zeugnisses

Jeder Arbeitnehmer hat Anspruch auf ein „wohlwollendes" (qualifiziertes) Zeugnis, § 630 S. 4 BGB, § 109 GewO unabhängig von der Art der Beendigung (Kündigung, Aufhebungsvertrag, ...).

In dem Zeugnis müssen mindestens folgende Punkte aufgeführt sein:

*   Art und Dauer des Arbeitsverhältnisses
*   Berufliche Fertigkeiten, Kenntnisse und Fähigkeiten des Arbeitnehmers
*   Auf Verlangen des Arbeitnehmers auch Angaben über Verhalten und Leistung des Arbeitnehmers

Zu unterscheiden ist zwischen einfachem und qualifiziertem Zeugnis.

Ein einfaches Zeugnis enthält keine Angaben über Führung und Leistung, was sich bei späteren Bewerbungen negativ auswirken dürfte.

Ein qualifiziertes Zeugnis enthält zusätzlich Angaben über Führung, Leistung und während des Arbeitsverhältnisses erworbene besondere fachliche Qualifikationen.

Der Zeugnisaufbau ist (mehr oder minder) vorgeschrieben. Zeugnisersteller sollten sich an folgende Reihenfolge halten:

*   Überschrift
*   Einleitung
*   Tätigkeitsbeschreibung
*   Leistungsbeurteilung
*   Sozialverhalten
*   Beendigung
*   Schlussformel
*   Datum, Unterschrift

In Zeugnissen sollte am besten mit Zeugnisnoten gearbeitet werden. Die Noten ergeben sich wie folgt:
Note 1: stets/vollst („sehr gut")

Beispiel: Er erfüllt die ihm übertragenen Aufgaben stets zu unserer vollsten Zufriedenheit.

Note 2: stets voll

Note 3: stets oder voll

Note 4: weder stets noch voll

Note 5: ... hat versucht, hat sich bemüht, die ihm übertragenen Aufgaben zu erfüllen

Zu beachten ist auch, dass Zeugnisse, wie oben schon erwähnt, stets „wohlwollend" sein müssen, um das weitere berufliche Fortkommen nicht zu beeinträchtigen. Formulierungen in Zeugnissen sollten genau bedacht werden, da missverständliche Formulierungen ggfs. einen Verstoß gegen § 109 Abs. 2 GewO darstellen können. Ebenso besteht ein Verbot von Codierungen.

Eine Zeugniserteilung in elektronischer Form ist nicht zulässig, § 109 Abs. 3 GewO.

Um langwierige Ausarbeitungen und Streitigkeiten um Formulieren von Zeugnissen zu vermeiden, sollten Arbeitgeber Ihre Arbeitnehmer die Zeugnisse selbst schreiben lassen und diese nur bei massiven Überschätzungen korrigieren.

Ein Arbeitgeber ist gesetzlich nicht verpflichtet, ein Arbeitszeugnis mit Formulierungen abzuschließen, in denen er dem Arbeitnehmer für die geleisteten Dienste dankt, dessen Ausscheiden bedauert oder ihm für die Zukunft alles Gute wünscht (BAG, Urteil vom 11. Dezember 2012; Az.: 9 AZR 227/11).

Auch wenn ein Zeugnis immer „wohlwollend" sein muss, gibt es Hinweise darauf, dass man einen Bewerber lieber nicht einstellen sollte. Dies ist beispielsweise der Fall, wenn das Arbeitsverhältnis beim alten Arbeitgeber laut Zeugnis auf ein ungerades Datum (z. B. 23.06.) fällt. In diesem Fall ist von einer außerordentlichen Kündigung auszugehen. Im Zweifel sollte man dann beim alten Arbeitgeber anrufen.

Muster für ein Zeugnis mit Gesamtnote „gut"

Zeugnis

Herr Max Mustermann, geboren am 09.09.1990, war vom 01.04.2010 bis zum 31.03.2018 als Objektleiter in verschiedenen Kundenobjekten unseres Unternehmens tätig.
Unternehmensbeschreibung (Einleitung)
Wir sind ein mittelständisches Sicherheitsunternehmen. Derzeit beschäftigen wir 140 Mitarbeiter. Der Unternehmenssitz ist Hamburg.

Tätigkeitsbeschreibung
Zu den Aufgaben von Herrn Mustermann gehörten folgende Tätigkeiten:
* Erstellen von Dienstplänen
* Ansprechpartner des jeweiligen Kunden
* ...

Leistungsbeurteilung
Herr Mustermann war stets sehr motiviert. Er fand sich in neuen Situationen stets voll und sicher zurecht. Herr Mustermann verfügt über eine beachtliche und sehr große Berufserfahrung. Er hatte ein sicheres Gespür für das Wesentliche und Wichtige und arbeitete stets zielgerichtet, sehr gewissenhaft und methodisch.

Sozialverhalten
Die ihm übertragenen Aufgaben erfüllte er stets zu unserer vollen Zufriedenheit. Herr Mustermann war allseits beliebt und sein Verhalten gegenüber Vorgesetzten und Kollegen war stets vorbildlich. Herr Mustermann ist mit unseren Kunden aufgrund seiner freundlichen und sachlichen Art sowie seiner absolut serviceorientierten Haltung stets gut zurechtgekommen. Mit seinen Umgangsformen waren wir stets voll zufrieden.

Beendigungsgrund
Herr Mustermann scheidet auf eigenen Wunsch aus unserem Unternehmen aus.

Schlussformel
Wir danken Herrn Mustermann für seine erfolgreiche und stets produktive Zusammenarbeit und bedauern sein Ausscheiden sehr. Wir wünschen ihm für seine Zukunft beruflich und persönlich alles Gute und weiterhin viel Erfolg.

Datum, Unterschrift
Hamburg, 30.04.2018
[Unterschrift]

8.4. Rechte und Pflichten nach Beendigung des Arbeitsverhältnisses

Bei der Beendigung eines Arbeitsverhältnisses hat der Arbeitgeber die Pflicht, dem Arbeitnehmer die Arbeitspapiere auszuhändigen und ein Zeugnis zu erstellen (s. o.).

Seit 1. Juli 2003 sind Arbeitgeber nach § 2 (2) S. 2 Ziff. 3 bei Beendigung von Arbeitsverhältnissen – egal ob wegen Anfechtung, Kündigung, Aufhebungsvertrag oder auch Ende einer Befristung – zu folgenden Maßnahmen verpflichtet:

- Arbeitnehmer vor der Beendigung des Arbeitsverhältnisses frühzeitig über die Notwendigkeit eigener Aktivitäten bei der Suche nach einer anderen Beschäftigung informieren,
- über die Verpflichtung zur Meldung nach § 38 Abs. 1 bei der Agentur für Arbeit informieren,
- Arbeitnehmer zu diesem Zweck freistellen und
- die Teilnahme an erforderlichen Maßnahmen der beruflichen Weiterbildung ermöglichen.

Um dieser Verpflichtung gerecht zu werden, sollte vom Arbeitgeber ein Passus, wie der folgende in die Kündigung bzw. den Aufhebungsvertrag aufgenommen werden:

„Wir weisen Sie hiermit darauf hin, dass Sie zur Aufrechterhaltung ungekürzter Ansprüche auf Arbeitslosengeld verpflichtet sind, sich unverzüglich nach Erhalt dieser Kündigung bzw. Abschluss dieses Aufhebungsvertrages persönlich bei der Agentur für Arbeit arbeitsuchend zu melden. Zudem sind Sie verpflichtet, aktiv nach einer Beschäftigung zu suchen."

Die Pflichten des Arbeitnehmers bestehen in der Rückgabe der zur Verfügung gestellten Arbeitsmittel sowie der Geheimhaltungspflicht hinsichtlich der Betriebsgeheimnisse, die er während des Arbeitsverhältnisses im Unternehmen (oder beim Kunden) erfahren hat.

Manchmal geben ehemalige Arbeitnehmer vom Arbeitgeber unentgeltlich zur Verfügung gestellte Arbeitsmittel wie Dienstkleidung nicht zurück oder der Arbeitgeber hat noch andere offene Gegenansprüche gegen den Mitarbeiter.

In diesem Fall darf der Arbeitgeber nicht 1.000,00 € Lohn zurückbehalten, bis der ehemalige Mitarbeiter die Kleidung im Wert von 100,00 € zurückgegeben hat. Vielmehr besteht insoweit ein Aufrechungsverbot im Rahmen der Pfändungsfreigrenzen, §§ 394 BGB, 850ff ZPO.

Der Arbeitgeber könnte bei Nichtbeachtung schadensersatzpflichtig sein. Ein oberhalb der Pfändungsfreigrenze einbehaltener Betrag sollte zudem im Verhältnis zur Gegenforderung stehen.

Ein Wettbewerbsverbot des (ehemaligen) Arbeitnehmers gegenüber dem (ehemaligen) Arbeitgebers besteht grundsätzlich nicht. Eine Ausnahme regelt der § 74 HGB, wonach das Wettbewerbsverbot schriftlich festgelegt werden muss und der (ehemalige) Arbeitnehmer mindestens 50 % seiner ehemaligen Bezüge erhält. Dasselbe gilt grundsätzlich auch dann, wenn sich der (ehemalige) Arbeitnehmer selbstständig macht und anschließend mit dem (ehemaligen) Arbeitgeber in Konkurrenz steht.

9. Geltungsbereich und Rechtswirksamkeit von Tarifverträgen

Grundlagen

Tarifverträge werden zwischen einzelnen Arbeitgebern oder Arbeitgeberverbänden und Gewerkschaften ausgehandelt, § 2 (2) TVG.

 Tarifverträge werden nicht mit Betriebsräten geschlossen. Diese können jedoch Betriebsvereinbarungen mit dem Arbeitgeber vereinbaren (Details s. u.).

Ein Tarifvertrag regelt die Rechte und Pflichten der Tarifvertragsparteien und enthält Rechtsnormen, die den Inhalt, den Abschluss und die Beendigung von Arbeitsverhältnissen sowie betriebliche und betriebsverfassungsrechtliche Fragen ordnen können, § 1 TVG.

Tarifverträge bedürfen für ihre Gültigkeit der Schriftform, § 1 (2) TVG.

Tarifgebunden sind die Mitglieder der Tarifvertragsparteien und der Arbeitgeber, der selbst Partei des Tarifvertrags ist, § 3 (1) TVG, es sei denn, der Tarifvertrag wurde für allgemeinverbindlich erklärt, § 5 TVG. In diesem Fall gilt der Tarifvertrag, wie der Name schon sagt, allgemein, es sind also alle Arbeitgeber und Arbeitnehmer der entsprechenden Branche daran gebunden. Die Tarifgebundenheit bleibt bestehen bis der Tarifvertrag endet, § 3 (3) TVG.

 Der Arbeitgeber Wach & Sicher GmbH kündigt seine Mitgliedschaft im Arbeitgeberverband zum 31.12., obwohl der Tarifvertrag noch ein Jahr läuft.

Ergebnis:
Obwohl er nicht mehr Tarifpartei ist, bleibt er bis zum Ende des laufenden Tarifvertrags tarifgebunden.

Die Regelungen des Tarifvertrags, die den Inhalt, den Abschluss oder die Beendigung von Arbeitsverhältnissen ordnen, gelten unmittelbar und zwingend für alle Beteiligten, insbesondere für die Arbeitnehmer, § 4 (1) TVG.

Nach Ablauf des Tarifvertrages gelten seine Rechtsnormen weiter bis sie durch eine andere Abmachung ersetzt werden, § 4 (5) TVG.

Koalitionsfreiheit und Tarifautonomie

Die rechtlichen Grundlagen zu den Themen Koalitionsfreiheit und Tarifautonomie finden sich in Art 9 (3) GG. Danach ist die Gründung von Gewerkschaften und Arbeitgeberverbänden zulässig und es besteht eine positive/negative Koalitionsfreiheit, das heißt, man kann selbst entscheiden, ob man einer Gewerkschaft oder einem Arbeitgeberverband beitritt oder eben nicht.

Zudem ist hier die Tarifautonomie geregelt, das heißt, dass sich der Staat grundsätzlich aus diesem Bereich raushält und es den Tarifvertragsparteien überlässt, die Regelungen selbst zu treffen.

Jedoch gibt es staatliche Regelungen, die zugunsten der Arbeitnehmer „Mindeststandards" festlegen, beispielsweise das Bundesurlaubsgesetz oder Regelungen zum Thema Mindestlohn.

Tarifverträge

Wie oben ausgeführt, ist ein Tarifvertrag ein Vertrag zwischen den Tarifparteien. Davon gibt es verschiedene Arten:

- Manteltarifvertrag
- Lohn-/Gehaltstarifvertrag
- Firmentarifvertrag (wird von der Gewerkschaft mit einem einzelnen Arbeitgeber abgeschlossen)
- Flächentarifvertrag

Tarifbindung und Allgemeinverbindlichkeit

Wie ebenfalls oben schon erläutert, gelten Tarifverträge grundsätzlich nur für die Parteien, die den Vertrag abgeschlossen haben, § 3 TVG.

Arbeitgeberverband und Gewerkschaft der Sicherheitsbranche schließen einen Tarifvertrag. Das Unternehmen Grün & Gelb Sicherheit GmbH ist nicht im Arbeitgeberverband.

Ergebnis:
Der Arbeitgeber Grün & Gelb Sicherheit GmbH muss sich theoretisch nicht an den Tarifvertrag halten.

Die Ausnahme, die hier greift, ist die so genannte Allgemeinverbindlichkeit eines Tarifvertrags, § 5 TVG. Diese ist gegeben, wenn tarifgebundene Arbeitgeber nicht weniger als 50 % der unter den Geltungsbereich des Tarifvertrags fallenden Arbeitnehmer beschäftigen und die Allgemeinverbindlichkeit im öffentlichen Interesse geboten erscheint. Da genau eine solche Allgemeinverbindlichkeit in der privaten Sicherheitsbranche gilt, sind **alle** privaten Sicherheitsunternehmen nach § 34a GewO an die für ihr Bundesland geltenden Mantel- und Tarifverträge gebunden.

Zu bezahlen ist immer der Lohn, der am Erfüllungsort gilt.

 Ein privates Sicherheitsunternehmen aus Sachsen-Anhalt stellt Sicherheitspersonal für eine Großveranstaltung in Baden-Württemberg.

Ergebnis:
Hier muss der Tariflohn, der für Baden-Württemberg gilt, bezahlt werden.

10. Betriebsverfassungsgesetz/Personalvertretungsrecht

Da das Thema „Betriebsrat" nur einen kleineren Teil der privaten Sicherheitsunternehmen betrifft, sind die Ausführungen dazu hier kurzgehalten.

10.1. Rechte und Pflichten des Betriebsrats aus dem BetrVG

Ein Betriebsrat ist die Vertretung der Arbeitnehmer im Betrieb gegenüber dem Arbeitgeber. Dabei stehen personelle und soziale Belange im Vordergrund.

Das Betriebsverfassungsgesetz (BetrVG) regelt einerseits die Stellung und Rechte des Betriebsrats als Arbeitnehmervertretung und andererseits das Zusammenwirken von Arbeitgeber und den Arbeitnehmern, vertreten durch den Betriebsrat.

Die Rechte des Betriebsrats werden wie folgt unterschieden:

- Mitwirkungsrechte
- Mitbestimmungsrechte

Mitwirkungsrechte/Mitbestimmungsrechte, §§ 87 – 113 BetrVG

Der Betriebsrat hat verschiedene Mitwirkungs- und Mitbestimmungsrechte. Diese sind in den §§ 87 – 113 Betriebsverfassungsgesetz geregelt. Dabei wird unterschieden, ob der Betriebsrat mitbestimmen kann – wichtigstes Beispiel ist der § 87 BetrVG – oder ob im Gesetz nur eine Mitwirkung vorgesehen ist.

Diese kann von einer reinen Information, Beispiel § 106 BetrVG, Unterrichtung in wirtschaftlichen Angelegenheiten über eine Anhörung, Beispiel § 102 BetrVG bei Kündigungen bis zu einer beratenden Funktion des Betriebsrates gehen. Beispiel hier: §§ 96 ff (Berufsbildung).

Die Mitwirkungsrechte des Betriebsrats im Überblick sind:

- Informationsrechte
- Anhörungsrechte
- Vorschlagsrechte
- Beratungsrechte
- Widerspruchsrechte

Können sich Arbeitgeber und Betriebsrat bei einem mitbestimmungspflichtigen Vorhaben nicht einigen, kann die Einigungsstelle, § 76 BetrVG, angerufen werden. Diese setzt sich aus der gleichen Anzahl von Beisitzern beider Seiten und einem neutralen Vorsitzenden zusammen.

Wird die Einigungsstelle auf Antrag nur einer Seite (Arbeitgeber oder Betriebsrat) tätig, ist deren Spruch bindend wie eine Betriebsvereinbarung, § 76 (5) BetrVG. Gegen den Spruch ist eine Klage vor dem Arbeitsgericht nur innerhalb 2 Wochen zulässig. Wird die Einigungsstelle dagegen auf Antrag beider Seiten tätig, ist der Spruch nur bindend, wenn beide Seiten zustimmen, § 76 (6) BetrVG.

10.2. Tätigkeiten/Kosten des Betriebsrats

Die allgemeinen Aufgaben des Betriebsrats sind in § 80 BetrVG geregelt, beispielsweise darüber zu wachen, dass Gesetze, Unfallverhütungsvorschriften oder Tarifverträge zugunsten der Arbeitnehmer eingehalten werden.

Alle im Zusammenhang mit dem Betriebsrat entstehenden Kosten trägt der Arbeitgeber, §§ 40 (1), 80 (3) BetrVG.

 Der Betriebsrat verklagt den Arbeitgeber vor Gericht wegen der angeblichen Nichteinhaltungen einer Betriebsvereinbarung und verliert zu 100 %.

Ergebnis:
Der Arbeitgeber muss trotzdem alle entstandenen Kosten tragen.

Besondere Rechtsstellung der Betriebsratsmitglieder

Die Tätigkeit der Betriebsratsmitglieder ist „ehrenamtlich" und damit theoretisch unentgeltlich, jedoch sind sie ohne Minderung ihres Arbeitsentgelts von ihrer Tätigkeit freizustellen, soweit sie als Betriebsratsmitglied tätig werden, beispielsweise bei Betriebsratssitzungen, § 37 BetrVG. Dasselbe gilt auch, wenn ein Betriebsratsmitglied an Schulungsmaßnahmen teilnimmt, die Kenntnisse vermitteln, die für die Arbeit des Betriebsrats erforderlich sind. Ab einer Anzahl von mindestens 200 Arbeitnehmern im Betrieb sind ein oder mehrere Betriebsratsmitglieder freizustellen, § 38 BetrVG.

Betriebsratsmitglieder genießen einen besonderen Kündigungsschutz, §§ 15 KSchG, 103 BetrVG. So ist eine Kündigung nur aus wichtigem Grund und nur mit Zustimmung des Betriebsrates möglich.

Verweigert der Betriebsrat seine Zustimmung, muss der Arbeitgeber die Zustimmung vor dem Arbeitsgericht einklagen, § 103 (2) BetrVG.

10.3. Betriebsvereinbarung, § 77 BetrVG

Bei einer Betriebsvereinbarung handelt es sich um einen schriftlichen Vertrag zwischen Arbeitgeber und Betriebsrat. In dieser Betriebsvereinbarung können beispielsweise zusätzliche Maßnahmen zur Verhütung von Arbeitsunfällen geregelt werden, § 88 BetrVG.

Die Betriebsvereinbarung ist von beiden Seiten zu unterschreiben und gilt unmittelbar und zwingend, das heißt, sie ist für die Arbeitnehmer verbindlich. Sie ist vom Arbeitgeber an geeigneter Stelle im Betrieb auszulegen, damit die Arbeitnehmer sie einsehen können.

Zu beachten ist aber nach § 77 (3) BetrVG der Schutz der Tarifautonomie. Demnach können Arbeitsentgelte und sonstige Arbeitsbedingungen, die üblicherweise in einem Tarifvertrag festgelegt werden, nicht in einer Betriebsvereinbarung geregelt werden, es sei denn, dies wäre im Tarifvertrag ausdrücklich zugelassen, § 4 (3) TVG.

11. Grundlagen der Arbeitsgerichtsbarkeit

Die Zuständigkeit der Arbeitsgerichte ist nach § 2 Arbeitsgerichtsgesetz (ArbGG) gegeben in alle Streitigkeiten zwischen Arbeitgeber und Arbeitnehmer, Streitigkeiten von Tarifvertragsparteien und Streitigkeiten über das Betriebsverfassungsgesetz.

Die örtliche Zuständigkeit eines Arbeitsgerichts ergibt sich aus dem Gerichtsstand des Arbeitsortes, also dem Ort, an dem der Arbeitnehmer tätig ist.

 Arbeitnehmer A wohnt in Neustadt und arbeitet in Altstadt für ein Sicherheitsunternehmen, dessen Sitz in Jungstadt ist.

Ergebnis:
Zuständig ist das Arbeitsgericht, in dessen Bezirk Altstadt liegt.

Aufbau und Besetzung der Arbeitsgerichte

Es gibt drei Instanzen in Arbeitsgerichtssachen, § 1 ArbGG:

- Arbeitsgericht, §§ 8 ff ArbGG
- Landesarbeitsgericht, § 33 ff ArbGG
- Bundesarbeitsgericht, §§ 40 ff ArbGG

Unabhängig vom Streitwert ist das Arbeitsgericht bei allen Fällen in erster Instanz zuständig, § 8 (1) ArbGG. Nach Klageeinreichung erfolgt ein Gütetermin, der vom Vorsitzenden Richter durchgeführt wird. Hier soll geklärt werden, ob es zu einer gütlichen Einigung zwischen den Parteien kommen kann, § 54 ArbGG. Ein Gütetermin wird meist zeitnah nach Klageerhebung bestimmt.

Kommt keine gütliche Einigung zustande, folgt ein sogenannter Kammertermin, in dem neben dem Vorsitzenden Richter auch zwei ehrenamtliche Richter anwesend sind. Dieser liegt meist mehrere Monate nach dem Gütetermin und steigert so massiv das Prozessrisiko insbesondere des Arbeitgebers.

Ist die Rechtswirksamkeit einer Arbeitgeberkündigung fraglich und wird im Kammertermin ein Urteil gesprochen, wonach die Kündigung unwirksam war, so muss der Arbeitgeber unter Umständen für die vergangenen Monate den Lohn nachbezahlen, obwohl der Arbeitnehmer nicht gearbeitet hat.

Die ehrenamtlichen Richter kommen je einer aus dem Arbeitgeber- und einer aus dem Arbeitnehmerbereich, § 16 (2) ArbGG.

Gegen ein Urteil des Arbeitsgerichts kann Berufung zum Landesarbeitsgericht eingelegt werden, § 8 (2) ArbGG. Die Besetzung der Kammern hier ist wie am Arbeitsgericht ein Vorsitzender Richter und zwei ehrenamtliche Richter, § 35 (2) ArbGG.

Gegen ein Urteil des Landesarbeitsgerichts kann Revision zum Bundesarbeitsgericht eingelegt werden, § 8 (3) ArbGG. Die dortigen Senate haben folgende Zusammensetzung: ein Vorsitzender Richter, zwei Berufsrichter als Beisitzer und zwei ehrenamtliche Richter.

Grundsätze des Arbeitsgerichtsverfahrens

Arbeitsgerichtsverfahren werden grundsätzlich im Urteilsverfahren (Ausnahme: betriebsverfassungsrechtliche Streitigkeiten: Beschlussverfahren) durchgeführt.

Zunächst muss eine Klage schriftlich in dreifacher Ausfertigung beim zuständigen Gericht eingereicht werden. Kann beispielsweise ein Arbeitnehmer eine Klage nicht selbst erstellen, weil ihm die Kenntnisse dazu fehlen, so kann er die Klage auch zu Protokoll der Geschäftsstelle beim zuständigen Arbeitsgericht einreichen. Von dieser Klage erhält der Beklagte zwei der drei Ausfertigungen (eine für ihn, eine für seinen Rechtsanwalt).

Im nächsten Schritt wird ein Gütetermin durchgeführt (s. o.), aber auch danach ist jederzeit im Verfahren eine gütliche Einigung anzustreben. Kommt es zu keiner Einigung, erhält der Beklagte eine Frist, in der er sich zur Klage äußern kann. Dabei gilt für beide Parteien, dass die Behauptungen in Klage und Klageerwiderung jeweils unter Beweis gestellt werden müssen, beispielsweis durch Vorlage von Schriftstücken (Arbeitsvertrag) oder Benennung von Zeugen. Diese Beweise werden dann im sogenannten Kammertermin begutachtet und wenn sich die Parteien weiterhin nicht einigen können, wird durch das Gericht ein Urteil gefällt.

In der ersten Instanz besteht dabei kein Vertretungszwang, das heißt, man braucht keinen Rechtsanwalt, sondern kann selbst vor Gericht auftreten.

In der zweiten Instanz müssen die Parteien durch einen Gewerkschaftsvertreter, einen Verbandsvertreter oder einen Rechtsanwalt vertreten sein. Ist dies nicht der Fall, wird die Partei, die nicht vertreten ist, so behandelt als ob sie nicht da wäre (Folge: Versäumnisurteil).

Vor dem Bundesarbeitsgericht (dritte Instanz) muss eine Vertretung durch einen Rechtsanwalt erfolgen.

Klagearten, Rechtsmittel und Kosten von Arbeitsgerichtsverfahren

Als Klagearten kommen folgende in Frage:

- Kündigungsschutzklage (gegen Kündigung)
- Leistungsklage (beispielsweise auf Entgeltzahlung)
- Feststellungsklage (beispielsweise, dass eine Eingruppierung im Tarifvertrag nicht richtig festgelegt wurde)
- Änderungsschutzklage (gegen Änderungskündigung)

Daneben gibt es das Beschlussverfahren, dessen Vertiefung hier zu weit führen würde.

Die Kostenverteilung im Arbeitsgerichtsverfahren ist wie folgt:

In der ersten Instanz trägt jeder seine Kosten selbst, egal wie der Prozess ausgeht.

 Arbeitnehmer A klagt 1.000,00 € Lohn ein, die er nicht erhalten hat. Er gewinnt den Prozess zu 100 %.

Ergebnis:
Trotzdem muss er seine eigenen Kosten tragen (beispielsweise Anwaltskosten).

In der zweiten und dritten Instanz trägt der Verlierer die Kosten bzw. werden die Kosten geteilt, wenn der Kläger (nur) teilweise gewinnt.

Rechtsmittel gegen ein Urteil des Arbeitsgerichts

Gegen ein Urteil des Arbeitsgerichts kann Berufung (Frist ein Monat) zum Landesarbeitsgericht eingelegt werden, wenn der Beschwerdewert über 600,00 € liegt, es sich um ein Kündigungsschutzverfahren handelt oder die Berufung durch das Arbeitsgericht zugelassen wurde.

Gegen eine Entscheidung des Landesarbeitsgerichts kann gegebenenfalls eine Revision eingelegt werden.

Gegen Beschlüsse des Arbeitsgerichts kann Beschwerde zum Landesarbeitsgericht eingelegt werden.

Gegen dessen Beschluss gibt es dann die Rechtsbeschwerde zum Bundesarbeitsgericht.

Grundsätzlich gilt, dass Arbeitsgerichte sehr arbeitnehmerfreundlich sind.

So vertrat der Autor vor einigen Jahren ein Sicherheitsunternehmen vor dem Arbeitsgericht Hamburg. Der dortige Niederlassungsleiter eines Sicherheitsunternehmens hatte für sich und Freunde privat auf Firmenkosten Mietwagen für mehrere tausend Euro gemietet.

Als er deswegen außerordentlich, hilfsweise ordentlich, gekündigt wurde, erhob der Niederlassungsleiter Kündigungsschutzklage.

In der Güteverhandlung erklärte der Richter, das reiche niemals für eine Kündigung, eine Abmahnung hätte ausgereicht. Man solle die Kündigung umgehend zurücknehmen und sich gütlich einigen. Das Ergebnis war, dass der Niederlassungsleiter noch eine Abfindung bekam, vom dem verursachten Schaden erhielt das Sicherheitsunternehmen nie auch nur einen Cent zurück.

Als Arbeitgeber sollte man daher darauf achten, dass Verträge, Abmahnungen und Kündigungen absolut „wasserdicht" sind und im Zweifelsfall lieber rechtzeitig einen Rechtsanwalt mit der Angelegenheit beauftragen. Sind aber Verträge, Abmahnungen und Kündigungen schon fehlerhaft, kann auch der Rechtsanwalt vor Gericht nur noch Schadensbegrenzung betreiben.

Daher kann es sinnvoll sein, sich generell arbeitsrechtlich von einem Rechtsanwalt betreuen zu lassen, nicht nur vor Gericht.

12. Arbeitsschutz- und arbeitssicherheitsrechtliche Vorschriften und Bestimmungen

12.1. Ziele und Aufgaben des Arbeitsschutzrechtes und des Arbeitssicherheitsrechtes

Die wohl wichtigste Nebenpflicht des Arbeitgebers in einem Arbeitsverhältnis ist der Arbeitsschutz seiner Arbeitnehmer. Daher ist dies im Rahmen dieses Buchs zu erläutern, weil hier für den Arbeitgeber große zivil- und auch strafrechtliche Folgen bei Nachlässigkeiten drohen.

Das Ziel des Arbeitsschutz- und des Arbeitssicherheitsrechts ist es, den Arbeitnehmer vor Gesundheitsgefahren bei und durch die Arbeit zu schützen.

In Deutschland wird dies durch das „Duale System" (nicht zu verwechseln mit dem dualen System in der Ausbildung) erreicht. Zum einen gibt es den staatlichen Arbeitsschutz durch rechtliche Vorgaben des Gesetzgebers wie beispielsweise das Arbeitsschutzgesetz, Arbeitszeitgesetz oder die Arbeitsstättenverordnung. Dieser wird durch staatliche Behörden wie Ordnungs- und Landratsämter kontrolliert. Zum anderen gibt es den berufsgenossenschaftlichen Arbeitsschutz, in der privaten Sicherheit ausgeübt durch die Verwaltungsberufsgenossenschaft (VBG).

Durch diese zwei Seiten besteht die Gefahr, dass mit unterschiedlichen Maßen und Vorstellungen an das Thema herangegangen wird.

 Die Gewerbeaufsicht bemängelt, dass eine Gefährdungsanalyse zu ungenau ist, welche der zuständigen Berufsgenossenschaft bei einer Betriebsbesichtigung völlig ausgereicht hat.

Deshalb wurde die „Gemeinsame deutsche Arbeitsschutzstrategie" (GDA) gegründet. Die GDA ist ein bundesweiter Zusammenschluss von Bund, Ländern und Berufsgenossenschaften mit dem Ziel, Sicherheit und Gesundheit der Arbeitnehmer bei der Arbeit durch einen abgestimmten und systematischen Arbeitsschutz – ergänzt durch Maßnahmen der betrieblichen Gesundheitsförderung – zu erhalten, zu verbessern und zu fördern.

Zweck ist es, trotz Dualismus „mit einer Stimme zu reden", sprich eine einheitliche Arbeitsschutzstrategie zu verfolgen.

Viele der rechtlichen Regelungen basieren auf EU-Recht. Diese Vorschriften zur Vereinheitlichung des Arbeitsschutzes in der europäischen Union gelten jedoch nicht direkt, sondern sind zuvor immer erst in nationales Recht umzuwandeln.

12.2. Arbeitsschutzgesetz

Nach § 1 ArbSchG ist das Ziel des Arbeitsschutzgesetzes, die Arbeitssicherheit der Beschäftigten bei der Arbeit durch Maßnahmen des Arbeitsschutzes zu sichern. Dies soll durch Verhütung von Arbeitsunfällen/arbeitsbedingten Gefahren und die menschengerechte Gestaltung von Arbeitsplätzen erreicht werden.

Das Arbeitsschutzgesetz basiert auf EU-Rahmen- und Einzelrichtlinien (z. B. Benutzung persönlicher Schutzausrüstung).

Die Verantwortung ist auf die Beteiligten aufgeteilt, wobei der Unternehmer den größten Anteil trägt.

Die Verantwortung des Arbeitgebers im Arbeitsschutz ergibt sich u. a. aus den §§ 3 – 14 ArbSchG, § 62 HGB, § 21 SGB VII. Er hat die erforderlichen Maßnahmen des Arbeitsschutzes zu treffen (§ 3 ArbSchG), tätigkeitsbezogene Gefährdungsbeurteilungen zu erstellen (§ 5 ArbSchG) und das Ganze zu dokumentieren (§ 6 ArbSchG).

Speziell das Thema Gefährdungsbeurteilung wird in vielen privaten Sicherheitsunternehmen vernachlässigt. Dabei ist Folgendes ein Muss:

Für jeden Arbeitsplatz muss es eine Gefährdungsbeurteilung geben. In jeder Gefährdungsbeurteilung muss auch auf „psychische Belastungen am Arbeitsplatz" eingegangen werden. Die Erkenntnisse aus der Gefährdungsbeurteilung müssen umgesetzt werden.

 Es muss gewährleistet werden, dass Sicherheitsmitarbeiter bei sogenannten Einzelarbeitsplätzen regelmäßig überwacht werden.

Neben dem Thema "Erste Hilfe" (§ 10 ArbSchG) ist zudem insbesondere das Thema "Unterweisung" (§ 12 ArbSchG) wichtig. Danach sind die Beschäftigten während ihrer Arbeitszeit ausreichend, angemessen und arbeitsplatzbezogen über Sicherheit und Gesundheitsschutz bei der Arbeit zu unterweisen. Neben dem Arbeitgeber können weitere Personen für die Erfüllung der vorgenannten Punkte verantwortlich sein. Diese ergeben sich aus § 13 ArbSchG.

Aber auch die Beschäftigten (Arbeitnehmer) tragen nach §§ 15, 16 ArbSchG Verantwortung, nämlich Eigenverantwortung – schließlich geht es ja um ihre eigene

Sicherheit. Sie haben sich sicherheitsgerecht zu verhalten und Einrichtungen und Schutzausrüstungen bestimmungsgemäß zu verwenden.

„Klassisches" Beispiel:
Es ist verboten, im Lager mit einem Hubwagen Roller zu fahren.

Festgestellte Gefahren oder Mängel in der Sicherheit und dem Gesundheitsschutz sind unverzüglich an den Arbeitgeber oder den zuständigen Vorgesetzten zu melden.

Letztlich steht auch der Betriebsrat nach den §§ 80, 87 I Nr. 7, 88 BetrVG in der Verantwortung, wenn es um das Thema Arbeitsschutz geht.

Rechtsfolgen bei Verstößen und Ordnungswidrigkeiten

Wie oben dargestellt, können Verstöße im Arbeitsschutz als Ordnungswidrigkeiten oder Straftaten geahndet werden.

Verstöße gegen staatliche Arbeitsschutzbestimmungen können für Arbeitgeber Bußgelder bis zu 25.000,00 € (Arbeitnehmer: 5.000,00 €) nach sich ziehen, § 25 ArbSchG. Auch Verstöße gegen berufsgenossenschaftliche Vorschriften können als Ordnungswidrigkeiten zu Bußgeldern bis zu 10.000,00 € führen, § 209 SGB VII.

Bei beharrlicher Zuwiderhandlung oder vorsätzlicher Handlung drohen Freiheitsstrafen bis zu einem Jahr oder Geldstrafen, § 26 ArbSchG.

Verstöße können bei entsprechenden Folgen auch als Straftaten geahndet werden. Hier kommen insbesondere folgende Taten in Betracht:

*   Fahrlässige Körperverletzung, § 229 StGB
*   Fahrlässige Tötung, § 222 StGB
*   Umweltstraftaten, §§ 324 ff StGB

Der Arbeitgeber Wach & Sicher GmbH setzt Arbeitnehmer Müller bei einer Baustellenbewachung ein. Um Geld zu sparen, verzichtet der Arbeitgeber darauf, eine Gefährdungsbeurteilung erstellen zu lassen, persönliche Schutzausrüstung erhält Müller nicht. Da Müller daher keine Sicherheitsschuhe trägt, tritt er in einen rostigen Nagel und verletzt sich schwer.

Ergebnis:
Die Wach & Sicher GmbH (bzw. der Verantwortliche) macht sich strafbar wegen fahrlässiger Körperverletzung, § 229 StGB.

Schadensersatz

Grundsätzlich besteht eine Haftung aus unerlaubter Handlung, § 823 BGB, wenn eine Person einer anderen vorsätzlich oder fahrlässig einen Schaden zufügt.

 A beschädigt aus Versehen das Auto des X. A muss dem X den entstandenen Schaden ersetzen.

In der gesetzlichen Unfallversicherung ist die Haftung dagegen eingeschränkt.

Nach den §§ 104 – 106 SGB VII kommt es zu einem Haftungsübergang auf die gesetzliche Unfallversicherung; Unternehmer und/oder andere Personen im Betrieb haften daher nicht. Es besteht grundsätzlich kein Anspruch auf Schmerzensgeld.

 Der Arbeitgeber Wach & Sicher GmbH gibt Sicherheitsmitarbeiter Müller keine Sicherheitsschuhe für die Baustellenbewachung. Müller steigt in einen rostigen Nagel.

Ergebnis:
Arbeitnehmer Müller hat keinen Anspruch gegen die Wach & Sicher GmbH (Schadensersatz/Schmerzensgeld), sondern nur einen Anspruch gegen die gesetzliche Unfallversicherung auf Schadensersatz, nicht aber auf Schmerzensgeld.

Dasselbe gilt auch, wenn der Schaden durch einen Kollegen verursacht wird.

 Aus Unachtsamkeit verletzt Sicherheitsmitarbeiter King seinen Kollegen Kong bei der Einlasskontrolle zu einer Veranstaltung, weil er ein Gitter beim Verschieben auf den Fuß von Kong fallen lässt. Kong erleidet einen Mittelfußbruch.

Ergebnis:
Wie im Beispiel vorher: Kong hat keinen Anspruch gegen King, auch nicht gegen seinen Arbeitgeber (Schadensersatz/Schmerzensgeld), sondern nur einen Anspruch gegen die gesetzliche Unfallversicherung auf Schadensersatz, nicht aber auf Schmerzensgeld.

Ein Anspruch auf Schmerzensgeld besteht ausnahmsweise bei Vorsatz und bei Teilnahme am allgemeinen Verkehr.

 Unternehmer U übersieht beim ‚Rechtsabbiegen auf der Hauptstraße mit seinem Auto einen Radfahrer, der stürzt und sich den Arm bricht. Danach stellt sich heraus, dass der Radfahrer sein Arbeitnehmer A ist.

Ergebnis:
A kann von U (bzw. dessen Haftpflichtversicherung) Schadensersatz und Schmerzensgeld verlangen.

Haftung gegenüber den Sozialversicherungsträgern

Wenn ein Unternehmer oder Vorgesetzter schuldhaft (Vorsatz/grobe Fahrlässigkeit) am Unfall beteiligt war, besteht nach §§ 110 f SGB VII die Möglichkeit des Regresses, das heißt, die gesetzliche Unfallversicherung kann sich vom Unternehmer ganz oder teilweise den Betrag zurückholen, den sie auf Grund des Unfalls des Versicherten bezahlen musste.

Gegebenenfalls übernimmt diesen Betrag dann die Betriebshaftpflicht des Unternehmers, § 151 VVG und haftet (außer bei Vorsatz) damit für den Unternehmer oder Vorgesetzten gegenüber der Berufsgenossenschaft.

12.3. Sonderschutzrechte für schutzbedürftige Personen

Für besonders schutzbedürftige Personen gibt es gesetzliche Sonderregelungen, für Jugendliche das Jugendarbeitsschutzgesetz (JArbSchG), für Schwangere das Mutterschutzgesetz (MuSchG) und für Schwerbehinderte das SGB IX (Sozialgesetzbuch Neuntes Buch).

Einrichtung spezieller Arbeitsplätze für schutzbedürftige Personen

Für jede dieser Personengruppen gibt es besondere Regelungen hinsichtlich der Arbeitsplätze:

- Für Jugendliche den § 28 JArbschG, Menschengerechte Gestaltung der Arbeit,
- für werdende oder stillende Mütter den § 9 MuSchG, Gestaltung des Arbeitsplatzes und
- für Schwerbehinderte den § 81 (3) SGB IX, Pflichten des Arbeitgebers und Rechte schwerbehinderter Menschen.

Vorschriften für schutzbedürftige Personen

Konkret gibt es für werdende oder stillende Mütter Beschäftigungsverbote nach den §§ 3 – 6, 16 MuSchG.

 Werdende Mütter dürfen nicht mit schweren körperlichen Arbeiten beschäftigt werden.

Für Jugendliche legt der § 28 JArbSchG den Arbeitsschutz extra nochmal fest.

Zusätzlich gelten Beschäftigungsverbote für Personen unter 15 Jahren, § 5 (1) JArbSchG, zudem dürfen Personen unter 18 nicht mit gefährlichen Arbeiten beschäftigt werden, § 22 JArbSchG. Auch die Erstuntersuchung, § 32 JArbSchG, und gegebenenfalls Nachuntersuchungen, §§ 33ff JArbSchG, dienen dem Schutz des Jugendlichen.

Auch für Schwerbehinderte, § 81 (2) SGB IX, gelten Sonderregeln. Als schwerbehindert gilt man ab einem Grad der Behinderung von mindestens 50 (GdB), § 2 (2) SGB IX.

Schwerbehinderte dürfen wegen Ihrer Behinderung nicht benachteiligt werden § 81 (2) SGB IX.

Sie haben fünf Tage Zusatzurlaub, § 125 SGB IX und Ihnen kann nur nach Zustimmung des Integrationsamts gekündigt werden, § 85 SGB IX.

Ab einer Anzahl von mindestens 20 Arbeitsplätzen ist der Arbeitgeber verpflichtet, fünf Prozent der Stellen mit Schwerbehinderten zu besetzen, § 71 SGB IX, wobei schwerbehinderte Auszubildende doppelt zählen, § 76 (2) SGB IX. Kommt der Arbeitgeber dieser Verpflichtung nicht oder nur teilweise nach, hat er eine Ausgleichsabgabe in Höhe von mindestens 105,00 € je unbesetztem Pflichtarbeitsplatz pro Monat zu leisten, § 77 SGB IX.

Ab fünf schwerbehinderten Arbeitnehmern kann eine Schwerbehinderten-vertretung gewählt werden, § 94 SGB IX.

12.4. Arbeitssicherheitsgesetz (ASiG)

Grundlagen des Arbeitssicherheitsgesetzes

Der Arbeitgeber hat Betriebsärzte und Fachkräfte für Arbeitssicherheit zu bestellen, die ihn beim Arbeitsschutz und der Unfallverhütung unterstützen, § 1 ASiG. Deren Bestellung muss aus Beweisgründen schriftlich erfolgen, §§ 2 (1), 5 (1) ASiG, wobei eine Betreuung intern durch eigene Arbeitnehmer oder extern durch einen Dienstleister möglich ist.

Bestellung von Betriebsärzten und Fachkräften für Arbeitssicherheit und ihre Aufgaben

Das Thema „Betriebsarzt" ist in den §§ 2 ff ASiG geregelt.

Aufgabe des Betriebsarztes ist nach § 3 (1) ASiG die Unterstützung des Arbeitgebers beim Arbeitsschutz und der Unfallverhütung in allen Fragen des Gesundheitsschutzes. Dabei muss er über die zur Erfüllung der ihm übertragenen Aufgaben erforderliche arbeitsmedizinische Fachkunde verfügen, § 4 ASiG.

Die Vorschriften zur „Fachkraft für Arbeitssicherheit" finden sich in den §§ 5 ff ASiG.

Zu den Aufgaben der Fachkräfte für Arbeitssicherheit gehört nach § 6 ASiG die Unterstützung des Arbeitgebers beim Arbeitsschutz und der Unfallverhütung in allen Fragen der Arbeitssicherheit einschließlich der menschengerechten Gestaltung der Arbeit.

Dazu sind grundsätzlich nur Sicherheitsingenieure, Sicherheitstechniker oder -meister qualifiziert, im Einzelfall können aber auch Personen bestellt werden, die eine entsprechende Fachkunde nachweisen.

Für beide (Betriebsarzt und Fachkraft für Arbeitssicherheit) gilt, dass sie nur beratend tätig werden (Stabsstellen), also keinerlei Zwangsmittel gegenüber dem Unternehmer haben, Maßnahmen durchzusetzen.

Ab 20 Arbeitnehmern ist ein Arbeitsschutzausschuss, § 11 ASiG, zu bilden. Dieser hat alle drei Monate in folgender Besetzung zu tagen:

- Arbeitgeber (bzw. dessen Beauftragter)
- zwei Betriebsräte

- Fachkraft für Arbeitssicherheit
- Betriebsarzt
- Sicherheitsbeauftragter (SiB), § 22 SGB VII

Der Arbeitsschutzausschuss hat die Aufgabe, bei Anliegen des Arbeitsschutzes und der Unfallverhütung zu beraten.

Neben der Bestellung von Betriebsarzt und Fachkraft für Arbeitssicherheit hat der Arbeitgeber aus den Reihen der Arbeitnehmer auch eine ausreichende Anzahl von Sicherheitsbeauftragten zu benennen und ausbilden zu lassen.

Eine untergeordnete Rolle spielt die Betriebssicherheitsverordnung (BetrSichV), die sich mit dem Bereitstellen von Arbeitsmitteln durch den Unternehmer und der Benutzung der Arbeitsmittel durch die Arbeitnehmer befasst. Nach § 3 BetrSichV sind diese Aspekte vom Arbeitgeber in dessen Gefährdungsbeurteilung nach § 5 ArbSchG gesondert zu beachten.

12.5. Arbeitsstättenverordnung (ArbStättV)

Die ArbStättV wurde 2017 erneut überarbeitet. Das Ziel der ArbStättV ist weiterhin die Verhinderung von Arbeitsunfällen und Berufskrankheiten sowie eine menschengerechte Gestaltung der Arbeit.

Soweit möglich sollen nun alle Arbeitsplätze, Pausen und Bereitschaftsräume ausreichend Tageslicht erhalten und eine Sichtverbindung nach draußen haben. Davon gibt es aber viele Ausnahmen, insbesondere für bestehende Gebäude.

Neu ist zum einen die Integration der BildschirmArbV sowie Regelungen für Telearbeitsplätze. Auch schon 2015 wurde geregelt, dass in Gefährdungsbeurteilungen nunmehr auch „psychische Belastungen" zu berücksichtigen sind, § 3 ArbStättV.

Der Begriff „Arbeitsstätte" ist in § 2 ArbStättV definiert. Für die Einhaltung der Vorgaben ist nunmehr der Arbeitgeber zuständig.

Nur das Thema Nichtraucherschutz ist in § 5 ArbStättV dahingehend geregelt, dass der Arbeitgeber verpflichtet wird, ein allgemeines oder auf einzelne Bereiche der Arbeitsstätte beschränktes Rauchverbot zu erlassen.

Viele Arbeitsstättenrichtlinien (ASR) wurden noch zu einer älteren Fassung der ArbStättV erlassen und gelten größtenteils nicht mehr.

In den vergangenen Jahren wurden so genannte „Technische Regeln für Arbeitsstätten" (ASR) verabschiedet. Diese sind zwar nicht verbindlich, aber im Rahmen der Fürsorgepflicht des Arbeitgebers umzusetzen.

12.6. DGUV Vorschrift 23 (Wach- und Sicherungs-dienste)

Auch die Unfallverhütungsvorschrift DGUV Vorschrift 23 (Wach- und Sicherungsdienste) regelt Vorgaben, welche der Arbeitgeber zu befolgen hat.

Speziell die §§ 6 – 10, in denen es um Gefährdungen am Arbeitsplatz und Maßnahmen des Arbeitgebers gegen diese Gefährdungen geht, sind hier wichtig.

So sollte es selbstverständlich sein, dass sämtliche persönliche Schutzausrüstungen wie Funkgerät und Taschenlampen inklusive Batterien unentgeltlich vom Arbeitgeber zu stellen sind – ist es in der Praxis aber leider nicht.

Zudem sollten auch Arbeitsplatzbegehungen in den Bereichen, in denen die Sicherheitsmitarbeiter eingesetzt werden sowie das Erstellen von Gefährdungsbeurteilungen selbstvertständlich sein.

12.7. Aufgaben der Sicherheitsbeauftragten und ihre Verantwortung

Neben der Bestellung von Betriebsarzt und Fachkraft für Arbeitssicherheit hat der Arbeitgeber aus den Reihen der Arbeitnehmer auch eine ausreichende Anzahl von Sicherheitsbeauftragten zu benennen und ausbilden zu lassen.

Der Sicherheitsbeauftragte (SiB) hat die Aufgabe, den Unternehmer bei der Durchführung der Maßnahmen zur Verhütung von Arbeitsunfällen und Berufskrankheiten zu unterstützen, § 22 (2) SGB VII.

Er ist dabei aber nicht weisungsbefugt gegenüber dem Arbeitgeber, sondern nur beratend tätig.

13. Nachwort

Dieses Buch soll die Grundlagen vermitteln, arbeitsrechtliche Angelegenheiten selbstständig zu bearbeiten und die größten Fallstricke zu vermeiden. Nichts desto trotz kann dieses Buch ein juristisches Studium und langjährige praktische Erfahrung auf diesem Gebiet nicht ersetzen.

Obwohl wohl niemand auf die Idee käme, sich als Laie ein medizinisches Buch zu kaufen und an Hand dessen an sich selbst einen Beinbruch zu behandeln, gibt es eben immer wieder Arbeitgeber, die meinen, genau das in arbeitsrechtlichen Angelegenheit – insbesondere vor Gericht – tun zu können.

Rechnet man dann die verlorene Arbeitszeit einer Führungskraft, den Aufwand und die Nerven zusammen, welche ein solcher Rechtsstreit mit sich bringen, so wird sich das in den meisten Fällen kaum rentieren. Hätte der Unternehmer die darauf verwendete Zeit auf Akquise oder Kundenpflege verwandt, so wäre das sicher produktiver gewesen.

Falls Sie, werter Leser, dies genauso sehen, möchte ich Sie einladen, sich unverbindlich mit mir in Verbindung zu setzen. Neben der rechtlichen Betreuung in Einzelfällen besteht auch die Möglichkeit einer dauerhaften arbeitsrechtlichen Betreuung durch mich zu einer überschaubaren monatlichen Pauschale.

Dasselbe gibt, wenn Sie Mitarbeiter im Bereich Arbeitsrecht für private Sicherheitsunternehmen schulen lassen wollen.

Sie erreichen mich unter folgenden Kontaktdaten:

Rechtsanwalt
Jörg Zitzmann
Äußere Sulzbacher Straße 37
90491 Nürnberg

Telefon: 09 11/20 55 59 59
Telefax: 09 11/20 55 59 55
Email: info@rechtsanwalt-zitzmann.de

Ich wünsche Ihnen alles Gute, nicht nur im Bereich Arbeitsrecht, und verbleibe

Ihr
Jörg Zitzmann

14. Stichwortverzeichnis

Sicherheitskonzepte – Sicherheit (Security), Arbeitssicherheit, Angebotserstellung

Taschenbuch, 150 Seiten
ISBN 978-3-943370-77-5
€ 39,90

**Lehrbuch
Geprüfte Schutz- und Sicherheitskraft**

Taschenbuch 330 Seiten
ISBN 978-3-96155-011-1
€ 39,80

**Meister für Schutz und Sicherheit
– komplettes Bundle –**

GQ Band 1 – 3 + Gesetzessammlung
HQ Band 1 – 3 + Gesetzessammlung

8 Taschenbücher
ISBN 978-3-96155-074-6
€ 198,80